Relações ecumênicas e inter-religiosas:

construindo uma ponte entre as religiões

SÉRIE PRINCÍPIOS DE TEOLOGIA CATÓLICA

inter
saberes

Relações ecumênicas e inter-religiosas:

construindo uma ponte entre as religiões

Joachim Andrade, SVD

Rua Clara Vendramin, 58 . Mossunguê
CEP 81200-170 . Curitiba . PR . Brasil
Fone: (41) 2106-4170
www.intersaberes.com
editora@intersaberes.com

Editora-chefe
Lindsay Azambuja
Gerente editorial
Ariadne Nunes Wenger
Assistente editorial
Daniela Viroli Pereira Pinto
Preparação de originais
Entrelinhas Editorial
Edição de texto
Viviane Fernanda Voltolini
Natasha Saboredo
Capa e projeto gráfico
Iná Trigo (*design*)
Tatiana Kasyanova/Shutterstock (imagem)
Diagramação
Kelly Adriane Hübbe
Equipe de *design*
Silvio Gabriel Spannenberg
Laís Galvão
Iconografia
Célia Regina Tartalia e Silva
Regina Claudia Cruz Prestes

1ª edição, 2019.
Foi feito o depósito legal.

Dados Internacionais de Catalogação na Publicação (CIP)
(Câmara Brasileira do Livro, SP, Brasil)

Andrade, Joachim
Relações ecumênicas e inter-religiosas: construindo uma ponte entre as religiões/Joachim Andrade. Curitiba: InterSaberes, 2019. (Série Princípios de Teologia Católica)

Bibliografia.
ISBN 978-85-5972-936-8

1. Ecumenismo 2. Religiões 3. Relações inter-religiosas I. Título. II. Série.

18-22012 CDD-261.2

Índices para catálogo sistemático:
1. Relações inter-religiosas e ecumenismo: Teologia 261.2

Maria Alice Ferreira – Bibliotecária – CRB-8/7964

Sumário

Apresentação

A pluralidade de religiões é um fato inquestionável, que não se deve a uma casualidade nem a um capricho. Trata-se de uma realidade histórica com causas bem-definidas, pois não é vão o fato de as religiões serem uma resposta de indivíduos inseridos em coletividades concretas. Na origem dessa diversidade, há duas classes de fatores que, mesmo não sendo causas últimas, são determinantes: os corpos sociais e os ciclos e tipos de vida de cada religião. Nesse contexto, percebemos que a religião nunca se apresenta como algo abstrato, mas expressa a atitude de indivíduos que dão forma a um povo. Essa é, precisamente, a razão formal de sua diversidade.

Um dos maiores desafios para o novo milênio é a conscientização da importância do diálogo entre as religiões, para uma convivência harmônica e para a paz mundial. A verdadeira *Oikoumene* diz respeito a “todo o mundo habitado na mesma casa”. Trata-se de um conceito relacional e dinâmico, que envolve a responsabilidade comum, para além da comunhão entre os cristãos, e que abraça toda a comunidade humana. Tanto o ecumenismo como o diálogo inter-religioso estão envolvidos nessa imprescindível tarefa de transformar a terra habitada, de renovar a humanidade e fazer acontecer a paz tão sonhada entre os povos e as religiões.

O ecumenismo tem como escopo bem preciso a busca da unidade entre os cristãos. No entanto, "a compreensão de unidade ganhou, no movimento ecumênico, feições diferenciadas: 'unidade orgânica', 'comunhão conciliar das igrejas locais', 'diversidade reconciliada', 'comunhão das comunhões'" (Teixeira; Dias, 2008, p. 14). O verdadeiro esforço ecumênico não está apenas na preservação da unidade já estabelecida, mas também no reconhecimento da legitimidade da diversidade em cada Igreja, e na busca da reconciliação que aponta para a comunhão de comunhões. Deve estar claro que a diversidade não é um apêndice da unidade, mas um dado que a integra e a caracteriza. Por essa razão, podemos afirmar que a unidade é constituída e permeada pela diversidade.

O movimento ecumênico, no tempo atual, está marcado por significativa sensibilidade ao valor da alteridade. É crescente a consciência de que a busca da unidade deve ocorrer respeitando-se a pluralidade das distintas formas da Igreja. O ecumenismo aparece hoje como uma tarefa fundamental e irreversível. Traduz a riqueza de uma experiência dialogal entre as Igrejas cristãs, um "intercâmbio dos dons", que é essencial para o crescimento de cada comunidade e para o aprofundamento do mistério cristão. Seu objetivo deveria ser a construção da fraternidade universal na presença de Jesus Cristo. Na verdade, a atividade ecumênica tem mostrado que há diversos aspectos do mistério cristão e do ser Igreja que são mais bem realizados em outras Igrejas cristãs. Nesse sentido, o horizonte da atividade ecumênica diz respeito à realização da plena *communio* e da plenitude da unidade, que não pode ser uma Igreja única, mas uma unidade na diversidade. Como afirmam Teixeira e Dias (2008, p. 15), "o caminho de conversão adequado não é aquele que conduz à Igreja Católica, mas o que leva "à conversão de todos a Jesus Cristo".

A iniciativa ao diálogo inter-religioso parte de um critério ético, que trata as distintas tradições religiosas como irmãs, ou seja, faz o trabalho partilhado em favor de uma nova solidariedade e hospitalidade entre os seres humanos e o cuidado com o planeta Terra, o lugar da habitação de todos. Ao longo dos anos, houve uma evolução na utilização da expressão *diálogo inter-religioso* para *relações inter-religiosas*. Como aponta Noel Sheth (2015, p. 353),

> Em vez do termo "diálogo inter-religioso", que é vago, eu prefiro usar a expressão "relações inter-religiosas", que, para mim, é uma designação mais rica, porque, não só aponta ao diálogo inter-religioso, mas também inclui a construção de relações com pessoas de outras religiões em nossa vida cotidiana, a partilha de experiências espirituais, e o engajamento na ação social comum com as mesmas, para estabelecer a harmonia, a justiça e a elevação social.

Nesse diálogo, as diversas tradições são convocadas a buscar em seus patrimônios específicos os recursos espirituais disponíveis para o exercício de uma nova convivência. Outro critério que une todas as religiões é a busca comum da Realidade Última. "Trata-se de uma aspiração que provoca nos fiéis uma transformação singular que leva ao descentramento de si e o recentramento no Real, entendido como o 'símbolo último do Tudo'" (Teixeira; Dias, 2008, p. 16). Há ainda um terceiro critério que apresenta a união entre as religiões: é a oração – entendida como forma de nos conectarmos com Deus. Ela tem uma história milenar. O problema da condição humana é universal, especialmente as dimensões da solidão e do conflito, que são remediadas com a oração.

O conteúdo deste livro é apresentado em seis capítulos sequenciais. No primeiro deles, fundamentamos o fenômeno religioso, trilhando o caminho dos antropólogos. As experiências originárias que surgiram em todas as culturas apontam que o fenômeno religioso é algo universal e que sempre motivou a busca de Deus. No Capítulo 1, tratamos, em um primeiro momento, das experiências originárias que promoveram o surgimento da religião; logo em seguida, propomos um diálogo com a geografia e sua influência na criação da diversidade religiosa; e, por fim, relacionamos o uno e o múltiplo em uma perpectiva antropológica.

Os três capítulos seguintes são voltados às principais tradições religiosas. No Capítulo 2, apresentamos as tradições do Extremo Oriente, que nasceram no ambiente da terra fértil e estão relacionadas ao eterno retorno. As tradições indianas, como hinduísmo, jainismo e budismo, são abordadas de forma sucinta, contemplando-se suas origens, seu desenvolvimento histórico, doutrina e sagradas escrituras, assim como sua relevância para a sociedade contemporânea. As tradições chinesas taoismo e confucionismo são apresentadas na qualidade de tradições filosóficas que ajudaram a sociedade chinesa na construção tanto do pensamento religioso como do pensamento social.

No Capítulo 3, abordamos as religiões oriundas do deserto, cujas origens remetem à figura de Abraão, que são: judaísmo, cristianismo e islamismo. Apresentamos o ponto divisor e também as semelhanças entre as três tradições. Além disso, damos a cada tradição o devido tratamento, na abordagem de aspectos como origem, desenvolvimento histórico e doutrina.

No Capítulo 4, tratamos das tradições afro-brasileiras e indígenas do Brasil. Em um primeiro momento, mapeamos o contexto da diáspora africana às Américas e, especificamente, ao Brasil. Logo em seguida, apresentamos a adaptação dos africanos ao solo brasileiro, sua tentativa de preservar a cosmovisão inerente a sua comunidade de origem e a incorporação de novos elementos, que fundamentaram as duas tradições afro-brasileiras: candomblé e umbanda.

No Capítulo 5, trilhamos o caminho do cristianismo e suas ramificações ao longo da história. A mesma e única tradição sofreu divisões, devido às divergências nas compreensões conforme o lugar e a época. As primeiras divisões encontram-se no arianismo e no nestorianismo; depois, quando a Igreja de Roma assumiu o poder, sua consequente dominação deu origem ao cisma na Igreja. No século XVI, houve outra ramificação com a Reforma Protestante, que teve início com Martinho Lutero, ao publicar suas 95 teses, acusando a Igreja pela forma de lidar com as indulgências. O último notável fenômeno da divisão aconteceu por volta de 1900, e foi chamado de *pentecostalismo*, o qual deu origem às diversas igrejas, tanto no ramo protestante como no ramo católico.

No Capítulo 6, versamos sobre a possibilidade de estabelecer as relações adequadas entre as Igrejas e também entre as grandes religiões. Em um primeiro momento, pretendemos clarear os conceitos de ecumenismo e de diálogo inter-religioso. Logo em seguida, apresentaremos, com base na análise histórica, possíveis modelos para elaborar tanto as relações ecumênicas como as inter-religiosas.

Organização didático--pedagógica

Esta seção tem a finalidade de apresentar os recursos de aprendizagem utilizados no decorrer da obra, de modo a evidenciar os aspectos didático-pedagógicos que nortearam o planejamento do material e como o aluno/leitor pode tirar o melhor proveito dos conteúdos para seu aprendizado.

Tratar do fenômeno religioso não é uma tarefa fácil, sendo possível trilhar caminhos diferentes proposto por diversos antropólogos. O objetivo é abordar esse tema que instiga e o ser humano desde os tempos primordiais; e, para compreendê-lo melhor, escolhemos abordá-lo de modo pouco teórico e pelos vieses interdisciplinares, abrangendo antropologia, geografia, sociologia e teologia. No entanto, ao versar sobre o fenômeno religioso, fazemos referência a questões fundamentais da vida humana, que são, basicamente, as experiências que nos acompanham durante nossa inserção e o nosso mover no tempo e no espaço, naqueles cenários vitais em que peregrinamos como habitantes da Terra: conseguir o alimento cotidiano e festejar sua partilha; tremer diante de um forte raio; ouvir as tempestades que se aproximam; encantar-se com as estrelas; perceber o ciclo da lua; acompanhar a mudança das estações; sentir-se pequeno quando se enfrenta o mar; observar o céu imenso e imaginar alcançá-lo; cruzar caminhos e atravessar obstáculos; provar nascimento e morte e outras experiências igualmente significativas. Portanto propomos, confrontar as grandes inquietações filosóficas sobre a origem e sobre o destino como expressam as clássicas questões "De onde vim?", "Para onde irei?". Essas experiências parecem ser milenares, ou alguns articulam como "vivências originárias", que se tornam condição humana.

Introdução do capítulo

Logo na abertura do capítulo, você é informado a respeito dos conteúdos que nele serão abordados, bem como dos objetivos que o autor pretende alcançar.

outra pergunta: Por que estamos buscando essa Verdade? Essa busca perene dá origem ao que chamamos de *fenômeno religioso*. A noção de Deus está presente em todas as regiões geográficas, mesmo com percepções divergentes – não há ser humano sem pensamento religioso, esteja ele onde estiver.

Síntese

Os fundamentos do fenômeno religioso encontram-se em todas as culturas e os povos, mas se apresentam de formas diferentes em razão da influência da especificidade da geografia. É interessante notar que a busca pelo fenômeno religioso é comum para todos, e as razões para as experiências originárias são similares ou idênticas. No entanto, os mecanismos utilizados para lidar com essas experiências são múltiplos. Portanto, o Uno é visto sob prismas diferentes, e o que faz compreender esse fenômeno é o interesse comum a todos os tempos. A compreensão contemporânea desse mesmo fenômeno, segundo Andrés Torres Queiruga (2007), é de que todas as religiões são feixes de um mesmo mistério.

Percebemos que o fenômeno das experiências originárias é universal e existiu em todas as culturas, em todos os povos, desde os tempos antigos. No entanto, tais experiências ocorreram de formas diferentes, de acordo com a influência das regiões geográficas.

Notamos que o planeta Terra é um lugar para todos, mas se apresenta em cinco regiões distintas: a montanha, a floresta, os campos férteis, a região costeira e o deserto árido. As regiões geográficas deram origem a uma experiência plural do mesmo fenômeno: o uno e o múltiplo. Os antropólogos defendem que a verdade é uma só, mas os caminhos para buscá-la são diferentes. Os cristãos caminham na revelação de Jesus. Os budistas buscam a iluminação de Buda. Os muçulmanos encontram seu caminho no Alcorão. Assim, todos os caminhos

Síntese

Você conta, nesta seção, com um recurso que o instigará a fazer uma reflexão sobre os conteúdos estudados, de modo a contribuir para que as conclusões a que você chegou sejam reafirmadas ou redefinidas.

como nova aliança a partir da pessoa de Jesus. No entanto, o mistério da Igreja não é compreendido em sua plenitude de um modo definitivo enquanto formos, neste mundo, peregrinos na fé.

Contudo, mesmo tateando, a teologia busca explicitar esse mistério para dar razão às comunidades cristãs que na história se entendem como Igreja de Jesus Cristo. O pluralismo na Igreja é uma das razões das dificuldades para compreendê-la. Toda a eclesiologia da tradição católica, por mais coerente que seja com sua tradição eclesial, possui uma lacuna de sentido que só será suprida se conseguir incluir experiências do evangelho vividas para além da tradição eclesial concreta à qual ela se refere. A Igreja se divide em suas expressões conforme as doutrinas e as instituições das diferentes comunidades dos batizados. Justamente neste capítulo tentamos tratar das formas como surgiram essas divisões ao longo dos séculos e de como a Igreja conseguiu lidar com essa situação dando novo espaço ao diálogo ecumênico.

Indicações culturais

HISTÓRIA: Reforma Protestante – definição e fatores. Disponível em: <https://www.youtube.com/watch?v=53dofGGKW5w>. Acesso em: 11 jul. 2018.

Vídeo enviado por [illegible] dia 24 de novembro de 2014. O vídeo se refere à História da Reforma Protestante. O importante é perceber quais contextos levaram Lutero a pensar na Reforma da Igreja e de que forma ela foi apoiada pelos príncipes na Alemanha.

Indicações culturais

Nesta seção, o autor oferece algumas indicações de livros, filmes ou *sites* que podem ajudá-lo a refletir sobre os conteúdos estudados e que permitem o aprofundamento em seu processo de aprendizagem.

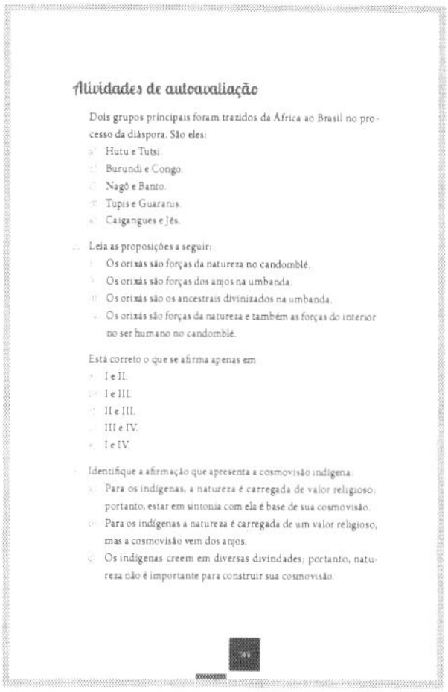

Atividades de autoavaliação

Dois grupos principais foram trazidos da África ao Brasil no processo da diáspora. São eles:

Hutu e Tutsi.

Burundi e Congo.

Nagô e Banto.

Tupis e Guaranis.

Caigangues e Jês.

Leia as proposições a seguir:

Os orixás são forças da natureza no candomblé.

Os orixás são forças dos anjos na umbanda.

Os orixás são os ancestrais divinizados na umbanda.

Os orixás são forças da natureza e também as forças do interior no ser humano no candomblé.

Está correto o que se afirma apenas em

I e II.

I e III.

II e III.

III e IV.

I e IV.

Identifique a afirmação que apresenta a cosmovisão indígena:

Para os indígenas, a natureza é carregada de valor religioso; portanto, estar em sintonia com ela é base de sua cosmovisão.

Para os indígenas a natureza é carregada de um valor religioso, mas a cosmovisão vem dos anjos.

Os indígenas creem em diversas divindades; portanto, natureza não é importante para construir sua cosmovisão.

Atividades de autoavaliação

Com estas questões objetivas, você tem a oportunidade de verificar o grau de assimilação dos conceitos examinados, motivando-se a progredir em seus estudos e a se preparar para outras atividades avaliativas.

Atividades de aprendizagem

Assista ao seguinte vídeo, que mostra um ritual de danças indígenas em uma tribo do alto do rio Negro na Amazônia. O ritual dos indígenas tem motivos específicos. Observe esse ritual de dança indígena e note alguns elementos específicos para comparar com o ritual de sua tradição. Na sequência, analise as diferenças e veja de que forma a região geográfica influencia na construção dos rituais das tradições religiosas.

RITUAL indígena. Disponível em: <https://www.youtube.com/watch?v=z7CWhaaj3sc>. Acesso em: 7 dez. 2018.

Como você vê os rituais indígenas e seu significado para o contexto atual da sociedade?

Considerando o vídeo a que você assistiu, qual é a importância da dança nos rituais indígenas?

Liste grupos indígenas do Brasil.

Faça uma visita cultural e religiosa com um grupo de colegas a uma aldeia indígena e observe o espaço sagrado deles. Depois note os elementos específicos desse espaço sagrado e dialogue no grupo. Em um segundo momento escreva em uma folha as observações que foram feitas e partilhe na sala de aula com todos os outros alunos.

Atividades de aprendizagem

Aqui você dispõe de questões cujo objetivo é levá-lo a analisar criticamente determinado assunto e aproximar conhecimentos teóricos e práticos.

Bibliografia comentada

Nesta seção, você encontra comentários acerca de algumas obras de referência para o estudo dos temas examinados.

1
Fundamentos do fenômeno religioso

Tratar do fenômeno religioso não é uma tarefa fácil, sendo possível trilhar caminhos diferentes propostos por diversos antropólogos. Nosso objetivo é abordar esse tema que instiga o ser humano desde os tempos primordiais; e, para compreendê-lo melhor, escolhemos abordá-lo de modo pouco teórico e pelos vieses interdisciplinares, abrangendo antropologia, geografia, sociologia e teologia. No entanto, ao versar sobre o fenômeno religioso, fazemos referência a questões fundamentais da vida humana, que são, basicamente, as experiências que nos acompanham durante nossa inserção e o nosso mover no tempo e no espaço, naqueles cenários vitais em que peregrinamos como habitantes da Terra: conseguir o alimento cotidiano e festejar sua partilha; tremer diante de um forte raio; ouvir as tempestades que se aproximam; encantar-se com as estrelas; perceber o ciclo da lua; acompanhar a mudança das estações; sentir-se pequeno quando se enfrenta o mar; observar o céu imenso e imaginar alcançá-lo; cruzar caminhos e atravessar obstáculos; provar nascimento e morte e outras experiências igualmente significativas. Portanto, propomos confrontar as grandes inquietações filosóficas sobre a origem e sobre o destino, como expressam as clássicas questões "De onde vim?", "Para onde irei?". Essas experiências parecem ser milenares, ou, como alguns qualificam, são como "vivências originárias"[1], que se tornam condição humana.

1 As experiências religiosas são articuladas como "vivências originárias" por Max Muller e posteriormente desenvolvidas por diversos antropólogos que seguem vertentes diferentes.

Essas vivências originárias são as vivências antropológicas fundantes, pelas quais a humanidade buscou responder suas inquietações. Esse fenômeno parece ser universal. Nesse trajeto existencial, o coração humano deparou-se consigo mesmo, com os semelhantes, com a Natureza e com o Transcendente. Assim nasceram culturas e religiões. Diante disso, almejamos mapear o fenômeno religioso, apresentando as causas de origem e trilhando o caminho dos antropólogos. Em um segundo momento, identificaremos as influências geográficas que fizeram surgir diferenças e semelhanças. Por fim, apresentaremos, sucintamente, as diferentes tradições religiosas.

1.1 Mapeando o fenômeno religioso

O mapeamento do fenômeno religioso não trata simplesmente de doutrinas, sistemas hierárquicos e instituições que vieram a ser chamadas de religiões. Antes de tudo, refere-se à humanidade, com suas múltiplas inquietações, em busca da Realidade Última[2]. Examinando as culturas e as crenças, encontramos muita diversidade, com pontos de divergências e também de convergências; assim, percebemos que a diversidade não apenas separa, mas também une. Os antropólogos e místicos buscaram os meios de resolver as inquietações e as divergências implicadas nesse fenômeno.

Eles encontraram a semente do fenômeno religioso na experiência humana, sendo que os aspectos da diversidade eram constatados na variedade geográfica. A influência da geografia é fator fundante

2 No campo da ciência da religião, a "Realidade Última" ou "Sentido Último" são as formas utilizadas para designar Deus ou Absoluto ou supremo.

na organização da experiência religiosa, que, por sua vez, apresenta múltiplas formas. Essas formas se tornam um ponto de partida para compreender tal fenômeno, no qual a geografia tornou-se um prisma. Como diz o ditado: "os problemas são os mesmos, mas o endereço é diferente". Existe um fio condutor que une essas diferenças, como diz Hans Kung (2004, p. 16): "apesar de todas as diferenças de crença, de doutrina e de ritos, também podemos perceber semelhanças, convergências e concordâncias".

Os místicos e os estudiosos da religião falam do mesmo fenômeno, utilizando linguagens diferentes, como nas obras: *Em busca de pontos comuns*, de Kung; *Unidade na diversidade e diversidade na unidade*, de Anand; *Uma ponte entre as religiões*, de Lama; e *The marriage between the East and the West (Casamento entre Ocidente e Oriente)*, de Griffiths. Quem alinha a diversidade unindo distinção e conexão é a pessoa humana, justamente por suas múltiplas inquietações, sobre si e sobre aquilo que se encontra a seu redor, conforme afirma Marcial Maçaneiro:

> Nós, humanos, tecemos essa rede, matizando as cores e nucleando os nós. Assim, tecemos a vida e construímos o sentido para o presente e para o futuro. Se você mirar a humanidade presente, em toda cultura e credo, encontrará sujeitos como eu e você, que tecem a vida em outro lugar, com outros teares, sem romper a grande rede que nos faz igualmente humanos. Mudam-se os territórios e os códigos, permanece a humanidade, sempre intérprete e decifradora do mundo. (Maçaneiro, 2011, p. 15)

Assim, observamos fenômenos em todas as regiões geográficas e verificamos que os seres humanos conseguiram dar sentido para esses fenômenos conforme suas relações particulares com a geografia. Por isso, é necessário haver, ao mesmo tempo, unidade na experiência religiosa e diversidade no modo de lidar com essa experiência para tecer relações harmônicas para a convivência.

1.1.1 Buscando as origens

Na tentativa de buscar as origens do fenômeno religioso, somos confrontados com o problema autêntico da linguagem: como se explica a experiência religiosa? De que forma essa experiência vivida por nossos antepassados chega ao mundo atual? Sobre isso, Max Muller (citado por Agnolin, 2013, p. 29) aponta que,

> apesar de a mitologia configurar-se enquanto uma linguagem de criança que exprime ideias infantis, ela se caracteriza enquanto uma "linguagem verdadeira", para uma "religião verdadeira". Ela se afirma, enfim, enquanto produto de uma específica experiência primordial vivida, da qual, na época sucessiva, só chega até nós um eco flébil.

Dessa forma, tratamento idêntico e respeitoso deve ser dado tanto às religiões dos primitivos como às das civilizações superiores. Essa análise está ligada ao fato de que as religiões dos primitivos

> podem ser consideradas, cronologicamente, estranhas aos contextos culturais que as subentendem: esse vício de fundo aponta para a perspectiva de uma contraposição característica das religiões, que se diferenciariam segundo o plano que vai da "conservação" de um passado unificante em direção (e, portanto, inicialmente, em contraposição) a um "progresso" diversificante. (Agnolin, 2013, p. 29-30)

Partindo desse pressuposto, Max Muller (citado por Agnolin, 2013, p. 30) aponta que "cada cultura, cada povo tem sua própria religião" e que "somente quem conhece a língua daquele povo pode explicá-la; formula-se a exortação: a cada especialista a sua religião".

De acordo com Agnolin (2013), tomando como prisma a ótica da linguagem; Max Muller entende que todos os fenômenos, (os naturais e os outros) são a chave para os estudos históricos da religião, nos quais o primitivismo e suas formas religiosas são os elementos basilares da religião. Já o antropólogo Edward Burnett Tylor tem opinião contrária; ele não apresenta nenhuma distinção entre o homem natural e o homem cultural. Assim, como aponta Agnolin (2013), encontram-se duas escolas de estudo de religião:

1. uma "romântica" (de Muller), que faz dos primitivos os depositários do primeiro elemento fundamental (a religião), que transforma o indiferenciado em povo, etnia, nação, constituindo uma **perspectiva culturalista** (conservadora) propriamente alemã;
2. uma "positiva" (proposta por Tylor), que olha para os primitivos como aqueles que conservam uma forma rude de religiosidade, demonstrando uma **perspectiva civilizacional** (progressista) caracteristicamente inglesa.

Com base nessa visão, pode-se entender que a busca de um originário comum levou os cientistas da religião a abrir-se aos primitivos e considerá-los representantes atuais de uma época primordial. Confirmando a atitude evolucionista de Max Muller, Agnolin (2013, p. 35) afirma que "os selvagens são como crianças com relação a nós e, portanto, representam a infância da humanidade". Já Tylor aponta que os primitivos eram irreligiosos, pois não tinham noção de divindades, ídolos ou sacrifícios, mas mantinham crenças em seres espirituais; portanto, vieram a ser chamados de *animistas*. Essa cultura foi a mais primitiva no estágio da evolução cultural da humanidade.

De acordo com esse raciocínio, James Frazer torna evidente sua interpretação evolucionista, sustentando que a humanidade passou por três etapas:

> a primeira, a mais arcaica, teria visto o homem, enquanto vítima de um erro de interpretação das forças que governam a natureza, entregando-se àquela falsa ciência, que é a "magia"; em seguida [..], reforçada por uma teoria religiosa, à qual teria sucedido; finalmente, a última fase, a da ciência. (Agnolin, 2013, p. 38)

A busca de evidências, ensejadas pelas teorias evolucionistas, na procura das origens, a princípio, é a forma elementar da religião que nos leva a analisar a perspectiva de Émile Durkheim, em cuja obra *As formas elementares da vida religiosa* (1989), atribui uma função privilegiada ao fato social, na análise dos fenômenos religiosos, inclusive o considera uma **projeção do sistema social**. Isso mostra que o indivíduo é inferior ao moral da sociedade pelo fato de ela constituir um sistema religioso, através do mecanismo da equiparação de fatos religiosos na sociedade. Dando continuidade à perspectiva funcionalista, Agnolin (2013, p. 42) explica que Malinowski considera que o sistema religioso

> é o que manifesta, publicamente, toda forma de contrato social, que caracteriza a vida humana, fixando-o segundo uma forma tradicional, que possa torná-lo repetível e subordinado a uma legitimação e a sanções sobrenaturais, através das quais as ligações sociais são reforçadas e consolidadas.

Por outro lado, Pe. Wilhelm Schmidt (citado por Agnolin, 2013, p. 43), fundador da escola histórico-cultural, assere: "o fato de que, nas origens, o homem devia ter conhecido um 'monoteísmo primordial' revelado; em decorrência de sucessivas fases de decadência, enfim, teriam emergido as religiões históricas". A corrente fenomenologista desenvolve-se com o teólogo luterano e filósofo kantiano, Rudolf Otto, com base em uma análise teológica. Para ele, "se a experiência religiosa não pode ser observada por si mesma, as características do sagrado serão inferidas pelo sentimento que o próprio sagrado inspira no 'homem religioso'. É esse sentimento que devia permitir analisar o religioso, numa perspectiva declaradamente teológica" (Agnolin, 2013, p. 44).

Rudolf Otto estabelece uma teoria que nos permite dizer que o homem, diante do sagrado, experimenta um duplo movimento espiritual: de um lado, o medo, o respeito, a reverência e, de outro, a atração, a alegria e a confiança. Otto traduz essa experiência religiosa em dois conceitos distintos: *misterium tremendum et facinas – tremendum*, o elemento repulsivo e terrível; *facinas*, o elemento atraente. Com isso percebemos que o sagrado manifesta aspectos racionais e não racionais. Os **aspectos racionais** levam a uma **apreensão conceitual** através de seus predicados, ao passo que os **aspectos não racionais** são apreendidos somente como **sentimento religioso**.

O não racional é o que foge ao pensamento conceitual e é assimilado somente como atributo.

Um dos elementos específicos do pensamento tradicional é não obedecer às leis da natureza diante do fenômeno religioso. Isso significa que o próprio divino, autor dessas leis, visto como transcendente, encontra-se acima da doutrina religiosa ou do dogma e da ortodoxia. Como afirma Kant (2009), uma experiência apriorística, ou podemos entender que os aspectos espirituais e essenciais da experiência religiosa são as raízes do fenômeno religioso.

Para Mircea Eliade (2001, p. 17), "o homem toma conhecimento do sagrado porque se manifesta, mostra-se como algo absolutamente diferente do profano". Ao apresentar o sagrado, podemos perceber que há uma possibilidade de construir uma ponte entre a dimensão transcendental da religião e seu aspecto material. Duas formas podem ser caracterizadas. Por um lado, o homem religioso apresenta certa descontinuidade em relação ao mundo em que vive, a que muitos chamam *mundo sensível*, por outro, em virtude dessa experiência, ele mesmo cria um espaço sagrado dando-lhe significados plenos, e ao redor desses significados elabora um sentido para sua vida religiosa.

Delimitando conceitualmente o sagrado, Eliade (2001) constrói uma estrutura e uma morfologia com fatos sagrados e sacralidades diversificadas.

O conceito da **hierofania**[3] também é relativizado com base na diversidade de modalidades do sagrado, pois toda e qualquer hierofania pode ser histórica. Apesar de serem contextualizadas e limitadas historicamente, as hierofanias sempre apresentam escalas de abrangência, de local a universal. Nesse sentido, o **sagrado** e o **profano**, como aponta Durkheim (1989), seriam duas modalidades de existência, sendo parte do ser humano situado na história e constituindo formas de ser no mundo e no cosmos.

1.1.2 Manifestações das vivências originárias

As manifestações de vivências originárias entram no ser humano por janelas diferentes. A janela mais importante talvez seja a dos **sentidos**, sobre os quais se constrói o universo interior. O sagrado entra pelos sentidos: está na visão, para ver as realidades; está na audição, para ouvir o clamor da realidade; está no tato, para sentir; no olfato, para cheirar, e no paladar, para saborear. Contudo, não permanece só ali, como enuncia Maçaneiro (2011, p. 16, grifo do original): "atravessando a janela dos sentidos, as vivências originárias caem no fundo do abismo que somos nós e deixam lá dentro um toque, uma impressão. Como temos em fenomenologia, essas vivências imprimem em nós uma **inscrição interior**".

A construção da interioridade ocorre a partir dessa impressão: instala-se, profundamente; inicia a delinear, aos poucos, seus contornos, apresentando-se como o centro, interpretando a si mesmo como o norteador da experiência sagrada. A tradição cristã atribui esse centro ao coração; a budista, à mente, e a chinesa, ao ventre.

3 A palavra *hierofania* parece ter sido inventada por Mircea Eliade em seus tratados de religião, e pode ser compreendida como "manifestação do sagrado". O transcendente revela-se em uma forma que o ser humano possa compreendê-lo. Essa manifestação levou à elaboração da experiência religiosa, que deu origem à religião estruturada.

Uma vez estabelecida a ideia do **centro**, brotam os conceitos, as percepções e as intuições, através dos quais se dá a relação do sujeito com o mundo a seu redor. Os conceitos surgem à medida que avança o esforço de interpretação e classificação das experiências, que delineiam a identidade religiosa de sujeitos e de comunidades. Com base nessa identidade religiosa, o sujeito experimenta a sacralidade; a partir do seu centro, une presente e futuro, tremor e fascínio, alegria e dor. Nesse ponto, originam-se as **sínteses existenciais**, os arranjos de sentidos, as formas de estar integrado e dividido e, finalmente, as experiências de infinitude e finitude.

A experiência religiosa começa a ser muito mais nítida e visível, abrindo várias janelas, tanto para o cotidiano como para o além – ao Outro absoluto. Tempo e espaço estendem-se, e o sujeito torna-se profundamente religioso; começa a ver "o não visto" e a ouvir "o não dito".

> Tendo experimentado em si tal sensação, mediante vivências originárias, uma árvore não será mais só uma árvore; uma montanha significará algo mais que mero acidente geográfico; a água não será simplesmente H_2O. Tudo se faz porta-voz de algo que está aí, mas não se pode dizer de algo que se ouve, mas não se consegue proferir por inteiro. O que seria isto? É o Sagrado em que tudo habita, o Sagrado que se fez perceber – em lampejos sutis – na vivência originária. Abrindo janelas para o Sagrado, tais vivências permitem passagens: do exterior ao interior, do conhecido ao desconhecido, do dizível ao indizível, do ordinário ao extraordinário, do breve ao duradouro, do presente ao futuro, do material ao imaterial. (Maçaneiro, 2011, p. 16)

É interessante notar que a natureza humana, para repetir essas vivências originárias, cria a marca sólida, uma essência, tanto no campo cognitivo como na memória. Os registros na memória das vivências originárias ganham expressão nos símbolos e narrativas, e também dão espaço para o surgimento dos ritos memoriais ou comemorativos e outros movimentos próprios.

Analisando o caminho das manifestações das vivências originárias, percebemos que o fenômeno é universal, pois pode ser observado em diversas culturas e povos diferentes. O que intriga os estudiosos é que, apesar de sua universalidade, quando entra se examina o campo da expressão simbólica ou o campo dos rituais, apresenta sua diversidade. As formas de guardar as vivências originárias são únicas, tanto no campo cognitivo como na memória, conforme os indivíduos ou culturas restritas fomentam uma nova discussão sobre a unidade e a diversidade. Recorremos à geografia.

1.2 Geografia como ponto de partida

Entende-se a geografia como a ciência que estuda as características da superfície da Terra, os fenômenos climáticos e as interações do ser humano com o meio ambiente. Um dos conceitos básicos utilizados nessa ciência é o de *paisagem geográfica*, definido como o conjunto de estruturas naturais e sociais de determinado lugar, no qual se desenvolve uma intensa interatividade, seja entre os elementos naturais, seja entre as relações humanas, e desses com a natureza. Geograficamente, paisagem é tudo o que podemos perceber por meio de nossos sentidos.

Existem dois tipos de paisagens: as naturais, como florestas, pântanos, rios e outros; e as culturais, que são o resultado da ação humana, como pontes, túneis, estradas e cidades.

A variação de cada elemento determina a configuração de uma paisagem. O clima quente e úmido, por exemplo, produz florestas com grande biodiversidade; em contrapartida, nas zonas polares, a biodiversidade é menor. As paisagens culturais podem ser

> divididas em rurais e urbanas. A primeira é formada pela atividade agropecuária (propriedades rurais, fazendas, chácaras e sítios). A segunda é constituída por elementos urbanos (ruas, avenidas, praças, viadutos, prédios) e é caracterizada por uma maior concentração de habitantes. (Andrade, 2010, p. 14)

A geografia da religião é o estudo que procura analisar o impacto da geografia sobre a crença religiosa. O estudo das inter-relações entre paisagem e religião revela que a geografia e a religião se influenciam mutuamente. Notamos que há nessa relação três valores solidários, como Andrade (2010, p. 15) apresenta ao expor a ideia de Gil Filho (2009):

1. O espiritual, que congrega os significados místicos e éticos atávicos da religião, os quais simbolicamente se refletem em forma material, imagem e prática social;
2. O cultural, que emerge dos costumes e das práticas sociais, conferindo o seu caráter de representação e que remete à consciência do seu passado e à situação geográfica;
3. O estético é a forma de expressão e a imagem inspirada em valores religiosos, que se caracterizam por grande diversidade, pois, além do aspecto geográfico, é influenciado pelo contexto histórico do local.

É nítido que o vasto conteúdo religioso, moral e ritualístico das religiões emana dos contextos geográficos. A descoberta de lugares sagrados que atraem peregrinação, a construção de centros sagrados, assim como a elaboração de rituais, a prática de determinados costumes e a elaboração de hábitos alimentares fornecem uma ideia clara da relação entre a religião e a paisagem na qual ela nasce. As tradições religiosas exploraram os conteúdos das regiões geográficas onde surgiram para elaborar seus conteúdos religiosos específicos. Elas apresentam também

> a difusão dessas crenças ao redor do mundo, seus conflitos de sobrevivência e tradução dos seus conteúdos para outras regiões e culturas. Ensina, por exemplo, o significado do banho no rio Ganges para um hindu; o que significa para um budista reverenciar a estátua de Buda, o Iluminado; para o muçulmano, peregrinar a Meca e, para os cristãos, acolher o martírio com tranquilidade. (Andrade, 2010, p. 15)

Diante disso, percebemos como cada tradição desenvolveu seu conteúdo de modo específico, e como os escritores dos livros sagrados obtiveram o material inspirador, que se tornou norteador dos sistemas religiosos, para elaborar a ética, a espiritualidade e a moral.

1.2.1 Relação entre ser humano e meio ambiente

O ambiente geográfico em que o ser humano se encontra inserido é o elemento fundamental para perceber a relação com o meio ambiente. O planeta Terra guarda em si a diversidade geográfica; desta surgem as diversidades cultural, religiosa, étnica, entre outras. A antropologia é uma ciência que se propõe acompreender e analisar os resultados da íntima relação do ser humano com o meio ambiente.

Nos últimos anos, os seres humanos perderam a capacidade de estar em sintonia com a natureza por causa de outros interesses modernos, passando a usar e a aproveitar os recursos da natureza sem nenhum respeito ou amor. O que falta na contemporaneidade é descobrir mecanismos ou regras da natureza que indiquem aos humanos como elaborar uma vida mais equilibrada e harmônica com o meio ambiente. A produção sem respeito e o consumo sem limites têm conduzido à destruição desenfreada da natureza, a ponto de nos deixar mais preocupados com o futuro da Casa Comum que é a Terra. A destruição do planeta nessa velocidade o tornará inóspito para a humanidade. Como resposta a essa situação alarmante emergiram como elementos positivos da sociedade atual a: preocupação com o aquecimento global, a busca do controle de desmatamento e da preservação das reservas naturais e o cuidado das espécies em extinção.

O conteúdo das tradições religiosas, os estudos holísticos e as ciências humanas apontam que, nos tempos antigos, os seres humanos viviam com a natureza de uma forma harmoniosa. As sagradas escrituras do hinduísmo, o budismo e as tradições judaico-cristãs mostram essa intimidade com o meio geográfico e com as formas de nortear essa relação.

> O sábio sabe como ouvir as melodias, como observar aquelas visões, como sentir aquelas vibrações, e como se sentir, sendo carregado pelas grandes correntezas à infinitude. Para ouvir, ele deve estar em silêncio; para ver, ele deve fechar os olhos para as formas externas; para sentir o ritmo cósmico, ele deve prender sua respiração e dominar seu coração; e para se sentir carregado pelas eternas correntezas, ele deve deixar seus desejos egoísticos. (Govinda, 1999, p. 2, citado por Andrade, 2010, p. 17)

É possível afirmar, ao se analisar alguns textos, que as sagradas escrituras fundamentam essa relação do ser humano com o meio ambiente.

1.2.2 Os textos sagrados e o meio ambiente

Na Bíblia, há diversos textos que falam sobre o respeito pela natureza. Aliás, momentos-chave da vida de Jesus aconteceram na intimidade com a natureza, especialmente no deserto. As palavras de Deus, no Gênesis, na criação, podem clarear essa noção: "Sejam fecundos, multipliquem-se, encham e submetam a terra; [...] Vejam! Eu entrego a vocês todas as ervas que produzem semente e estão sobre toda a terra. E todas as árvores em que há frutos que dão semente: tudo isso será alimento para vocês" (Gn 1,28-29). Enquanto isso, o trecho do *Bhagavad Gita*, a sagrada escritura do hinduísmo, insere a uma ideia inovadora de que todo o universo é marcado com a presença divina, como se fosse uma extensão do corpo do próprio Deus. A princípio, é um diálogo que acontece no campo de batalha (conflito entre irmãos que ficou conhecido como *Guerra de Kuru Ksetra*) entre Krishna, um dos avatares de Deus, e o guerreiro Arjuna, o herói principal da batalha que hesita pegar armas, tendo este ouvido de seu mestre (Krishna) os seguintes ensinamentos: "Ó Arjuna, tudo o que quiseres ver, contempla imediatamente neste Meu corpo. Esta forma universal pode mostrar-te tudo o que agora desejes ver e tudo o que queiras ver no futuro. Todas as coisas – móveis e inertes – estão aqui completamente, num só lugar"[4] (Bhagavad Gita, 10,7).

Esses dois textos apontam para a ideia de uma relação íntima do ser humano com o meio ambiente no qual se encontra inserido. Feita essa inserção, ele assume a responsabilidade, elabora conteúdos sociais, morais e espirituais, constrói visões e significados para sua vida. Ao mesmo tempo, toma consciência de que a qualidade de sua vida depende da relação harmônica que mantém com a natureza.

Há alguns exemplos nítidos da relação íntima do ser humano com a natureza e da decorrente influência na elaboração de seus conteúdos

4 Existem dois épicos na tradição hinduísta, o *Ramayana* e o *Mahabharata*. O primeiro trata da eventual vitória do Bem sobre o Mal, e o segundo, de uma guerra (da qual Krishna participa diretamente) travada entre primos pela posse de um território. O *Bhagavad Gita* ("A Suprema Canção do Senhor") é o último capítulo do épico *Mahabharata*. É considerado uma espécie de novo testamento do hinduísmo. Também conforme o hinduísmo, quando a terra apresenta muita violência e desordem, Vishnu (a segunda pessoa da tríade hindu, o Deus preservador) assume a forma animal, semi-humana ou humana, para devolver a ordem à realidade. A crença hinduísta afirma que ele assumiu até agora nove formas – três formas animais, uma semi-humana e cinco humanas. Entre todas, a de Krishna – que manifesta Deus em sua totalidade – é a mais importante.

místicos e religiosos. Os *sadhus*[5] da tradição hindu consideram a montanha, o rio, a pedra, a vaca e a flor, por exemplo, elementos da natureza, como representantes visíveis do divino aqui na terra. Lao Tsé, por sua vez, afirma que somente seguindo as leis da natureza se pode encontrar o equilíbrio interior. Sidharta Gautama, o fundador do budismo, nasceu à sombra de uma árvore, foi iluminado debaixo de uma árvore e morreu ao lado de uma árvore; portanto, a relação com a natureza fornece pistas para descobrir a natureza humana. Rumi, místico da tradição muçulmana, elabora o misticismo islâmico levando em consideração a contemplação do deserto. Por sua vez, Francisco de Assis apresenta de "irmão sol" e "irmã lua", com intensa relação com a bela natureza da região e da cidade de Assis. Logo, percebe-se que muitos dos conteúdos religiosos produzidos pelas tradições provêm da influência da geografia.

1.2.3 Análise antropológica da relação com a geografia

Como já afirmamos, a relação do ser humano com o meio é inevitável e variada, do mesmo modo que a natureza é diversa. Amaladoss (1995) fornece uma pista brilhante para se compreender essa relação, recorrendo a uma cultura mais antiga do sul da Índia chamada *tâmil*[6], que serve como ponto de partida para a compreensão da dinâmica dessa relação. Segundo essa tradição, toda a Terra encontrava-se dividida

5 De modo geral a palavra utilizada para expressar o monge da tradição hinduísta é *sadhu*, que significa aquele que está em perene busca do divino.

6 A palavra *tamil* ou *tâmil* possui múltiplos significados: 1. o povo que vive em um dos Estados da Índia chamado Tamil Nadu; 2. o povo dravidiano, que foi expulso do norte da Índia pelos árias para o sudoeste e sul e também para o Sri Lanka; 3. a língua mais antiga da Índia, atualmente falada nas porções sudoeste e sul do país e também no Sri Lanka.

em cinco regiões[7]: montanha, floresta, campos férteis, costa e deserto árido.

> Cada tipo de terreno sustentava fauna e flora características, assim como modos de vida e de sobrevivência próprios. Essas regiões condicionavam os modos como as pessoas viviam e as emoções que expressavam. Partindo dessas contingências, cada região elabora um universo cultural, que favorece um gênero especial de relação amorosa, um estilo musical particular e até mesmo os aspectos da divindade. Por exemplo: as montanhas promovem a união entre os amantes; as regiões florestais encorajam a vida em comunidade; os campos férteis fornecem, ao mesmo tempo, o contexto para a infidelidade e para o enfado; a região costeira evoca a separação do amante distante; e o deserto aponta para as dificuldades encontradas pelos casais em fuga, separados de seus pais. (Amaladoss, citado por Andrade, 2010, p. 18)

O desenvolvimento tanto da cultura como da religião evidencia que cada uma dessas regiões abrigou a civilização, desde os tempos imemoriais; e que o ser humano era obrigado a manter o contato com todas elas. Em acréscimo, compreendemos que essa relação "possibilitou a elaboração de distintos conteúdos como "religioso, cultural, moral e social; cosmovisões distintas e relações de parentesco específicas" (Andrade, 2010, p. 19). Um olhar minucioso sobre cada região permite vislumbrar suas particularidades, com suas diferenças e, ao mesmo tempo, semelhanças.

O deserto, por exemplo, representa a dureza da vida cotidiana, devido à falta de vegetação, à escassez de comida, ao medo dos ataques do eventual inimigo e à própria instabilidade, provocada pela amplidão geográfica, que exige a elaboração de uma cultura nômade. A imensidão de areia debaixo dos pés levou os nômades a verem Deus como

7 É evidente que a tradição tâmil não aponta para paisagens como a do gelo da Sibéria ou dos altiplanos da Patagônia.

transcendente, distante e tremendamente exigente no que se refere à fidelidade e à submissão de seus fiéis. O sofrimento cotidiano levou o ser humano a criar o mundo imaginário: o céu azul como morada de Deus – o lugar de tranquilidade e, portanto, onde seria a última morada do ser humano. Como diz Andrade (2010, p. 19): "No deserto, o tempo é linear: a lua é o elemento masculino e o sol, o feminino. A vida após a morte é sustentada pela crença na ressurreição, pois não há retorno ao sofrimento do cotidiano". Justamente nesse ambiente, surgiram as três grandes tradições religiosas: o judaísmo, o cristianismo e o islamismo.

A terra fértil, por outro lado, oferece plena abundância de vegetação, de água e de comida. Nesse ambiente, o povo tende a fixar-se e a gozar a tranquilidade e a paz, além da fartura de comida. A vegetação permanente e a produção agrícola possibilitaram a construção de um universo religioso em que o divino é concebido como imanente e próximo, exigindo dos homens uma relação harmônica. Para essa região, o tempo é cíclico, o sol é masculino, e a lua, feminina. A cosmovisão é circular e a morte não é definitiva, pois existe o retorno; portanto, elaborou-se a crença na reencarnação – a abundância da terra atrai o retorno. As tradições indianas, como hinduísmo, budismo e jainismo, e as chinesas, como taoismo e confucionismo, tiveram suas origens nesse ambiente.

As regiões montanhosas proporcionam a criação de gado e ovelhas e são aptas para as árvores frutíferas que serviam à sobrevivência dos seres humanos. As regiões montanhosas sempre deram origem para uma relação peculiar e muito mais romântica, a qual segue as características do esconde-esconde – o sol e a lua, brilhando soberanos e ocultando-se entre as montanhas, assemelham-se aos amantes em jogos eróticos. A tradição do Zoroaster parece ter surgido nessa região, a qual veio a conhecer o zoroastrianismo e onde ele mesmo organizou seus discípulos para rezar ao sol, olhando para o Oriente, na alvorada.

As regiões costeiras apresentavam abundância de alimentos provenientes do mar, mas sempre havendo o perigo de adentrar as águas marinhas. Os mares altos e baixos, as ondas inesperadas e constantes tempestades evocavam certa afinidade às divindades da esperança, nos cardumes, no retorno para casa e na saudade dos que ficaram em terra, ou seguiram para as águas. A preocupação dos povos desses ambientes era invocar a proteção diante dos perigos. As tradições afro-brasileiras parecem ter raízes fortes nesse ambiente onde se fazem muitas referências a "Luanda" ("Terra de Origem") e a imagens marítimas, que podemos observar nas celebrações na Bahia.

As regiões florestais traziam o sustento proporcionado pela caça, pelas árvores frutíferas e pela diversidade de fauna e flora da região. Existia uma ameaça constante dos animais selvagens e ao mesmo tempo o silêncio intenso provocava certo medo e crença nos espíritos florestais que obrigava os humanos a elaborar uma relação com os espíritos e também uma vivência comunitária. As tradições indígenas da América Latina e do Brasil desenvolveram seu rico conteúdo a partir dessa visão, na qual se encontra a íntima relação com os espíritos de natureza[8].

Ao longo dos séculos houve uma mudança radical desencadeada por fatos históricos e pela tendência nomádica, além de causas naturais que promoveram migrações. Seres nascidos e crescidos em determinado ambiente geográfico precisavam migrar para outros ambientes. Nesses casos, inicialmente acontecia um confronto entre as duas visões e, mais tarde, uma vivência harmoniosa a partir da adaptação ao novo ambiente. A passagem de uma região para outra deu origem ao choque de perspectivas; causou guerras, extinção de visões, fusões e transformações dos sistemas religiosos. Na era da globalização, os

8 A ideia principal dessa abordagem é tirada do artigo de Andrade (2010, p. 13-38). Além dessas cinco regiões existem outros tipos de ambientes – como as regiões frias da Sibéria, o gelo da Groenlândia e os altiplanos da Bolívia e Patagônia – que também engendraram religiosidade e que não são contemplados neste texto.

deslocamentos se deram na base econômica e fomentaram uma convivência harmônica, de etnias e de visões diferentes, em um mesmo espaço geográfico. O mundo atual (incluindo o Brasil) apresenta com grau maior ou menor essa convivência em campo religioso, econômico e étnico.

Podemos observar que as religiões originárias do deserto e da terra fértil, na atualidade, somam o maior número de adeptos.

1.3 Compreendendo o fenômeno do uno e múltiplo

Existe um elemento unificador das diversidades das visões promovidas pelas regiões geográficas – a busca do Sagrado. Em primeiro lugar, entendemos esse fenômeno religioso como algo universal e comum, independentemente da diversidade na paisagem geográfica. Um mesmo fenômeno, que nomeamos ***experiências originárias***, é captado e percebido de forma plural, de acordo com as diferentes regiões, produzindo respostas diferentes. Nisso, encontra-se a semente da origem das múltiplas tradições religiosas. O conteúdo plural, à primeira vista, aponta para a pluralidade das origens. Como afirma Andrade (2010, p. 21), há dois modos de se analisar a questão: "os seres humanos de diversas regiões geográficas veem a 'Fonte' de forma variada, conforme o prisma de sua região geográfica; ou a única 'Fonte' apresenta-se sob múltiplas formas aos seres humanos de regiões diferentes". Nisso, encontra-se o germe do contexto da experiência do fenômeno religioso: uno e múltiplo. Assim, nota-se que o verdadeiro fenômeno religioso é da ordem da experiência e da intuição, como registra Andrade (2010, p. 22), citando um dos filósofos indianos, Radhakrishnan:

> Embora crenças intelectuais arraigadas separem uma religião da outra, o Hinduísmo não atribui tais limites. O intelecto está subordinado à intuição, o dogma à experiência, a expressão externa à visão interna. A religião não é a aceitação de abstrações acadêmicas nem celebração de cerimônias, mas uma espécie de vida ou experiência. Ela é a percepção da natureza da realidade (darsana) ou experiência da realidade (anubhava).

Diversos modelos são utilizados para explicar o **pluralismo religioso** e com ele lidar. A humanidade sempre usou as imagens para explicar os aspectos mais complexos da vida humana no campo religioso. Como observa Amaladoss (1995, p. 183): "Alguns diriam que a realidade Suprema é a mesma, embora seja chamada de nomes diferentes. Os hindus chamam Deus de *Iśvar*; os muçulmanos invocam Alá; os cristãos falam Javé. Todavia, esses nomes referem-se a uma única e mesma realidade, a saber: Deus". Talvez o elemento mais intrigante no campo das ciências da religião é resolver a inquietação de estabelecer a unidade na diversidade e preservar a diversidade na unidade causada pelas múltiplas imagens do fenômeno religioso.

Um modelo popular de descrição da variedade e inter-relacionamento das diferentes religiões é o dos muitos rios que chegam ao mar. Swami Vivekananda (citado por Amaladoss, 1995, p. 185), o monge da tradição *Hare Krishna*, registra:

> Assim como os muitos rios que têm suas nascentes em diferentes montanhas, rolam terra abaixo, tortuosos ou retilíneos, e por fim chegam ao oceano–assim, todas essas crenças e religiões, partindo de diferentes pontos de vista e percorrendo caminhos tortuosos ou retilíneos, por fim chegam a Vós.

Outra analogia possível: as diversas religiões podem ser comparadas a cores de um espectro luminoso refratado através de um prisma. Raimon Panikkar (citado por Amaladoss, 1995, p. 187) explica:

> As diferentes tradições religiosas da humanidade são como as cores, em número quase infinito, que aparecem quando o divino ou simplesmente a luz total da realidade recai sobre o prisma da experiência humana: ela difrata-se em inúmeras tradições, doutrinas e religiões... Por meio de qualquer cor, isto é, religião, pode-se chegar à fonte de luz branca.

Eis uma imagem que ressalta a complementaridade das várias religiões. As religiões são diferentes refrações da mesma realidade suprema. Todas conduzem a essa realidade. Elas não são totalmente diferentes umas das outras. Em verdade, elas se fundem. São parte de uma totalidade. Essa imagem, porém, não é inteiramente satisfatória. Embora esta seja uma visão positiva das religiões e as perceba como complementares, ela ainda as encara como sendo diferentes. Vermelho não é verde e azul não é amarelo. Elas nada têm em comum, salvo que pertencem à mesma fonte e têm a mesma finalidade. A unidade entre as religiões está, de certo modo, ainda fora de sua multiplicidade. O paralelismo da visão precedente, apesar de muito reduzido, não desaparece de todo.

O pluralismo de línguas é outra analogia proposta para encontrar significado no pluralismo de religiões. É o Professor Panikkar (citado por Amaladoss, 1995, p. 189) novamente que sugere esse modelo:

> Qualquer religião é completa, assim como qualquer língua é também capaz de expressar tudo que sinta necessidade de expressar [...]. Embora cada língua seja um mundo em si, ela não deixa de ter relações com as línguas vizinhas, ao tomar empréstimos destas e estar aberta às influências mútuas [...] As religiões são equivalentes na mesma medida em que as línguas são traduzíveis, e são singulares tanto quanto as línguas são intraduzíveis. (citado por Amaladoss, 1995, p. 189)

Uma língua não é somente uma coleção de rótulos e um mundo de símbolos. Ela surge da realidade como experiência e conduz de volta a ela. A mesma realidade dá ensejo a mundos simbólicos diferentes. Estes, por sua vez, podem iluminar diferentes aspectos daquela realidade. Todavia, as diferenças, embora reais, não são absolutas, tanto que a tradução de uma língua para outra, apesar de nem sempre ser suficiente, é possível.

A analogia com a linguagem é de longe o melhor entre os diversos modelos citados. As línguas não são as mesmas, porém, referem-se a uma mesma realidade, refletem experiências semelhantes e cumprem a mesma função. Cada uma influencia e beneficia a outra. A diferença entre elas deve-se, em última instância, às maneiras particulares pelas quais cada grupo humano experimenta e expressa o mundo.

É nesse caso que os fiéis julgariam a analogia com a linguagem insuficiente. O motivo é que, para os fiéis, a fé religiosa não é simplesmente o resultado de qualquer experiência, mas de uma experiência que é inspirada por uma **revelação**. Cada religião reivindica não só uma experiência diferente, mas também uma revelação diferente. A revelação é uma relação entre pessoas – no caso, entre Deus ou o Supremo e a pessoa humana. As religiões são diferentes porque não há duas pessoas que sejam iguais e que se relacionem do mesmo modo com o Superior.

Assim, experiências originárias fazem surgir múltiplas perspectivas, devido às geografias: trilhamos em uma mesma direção para alcançar aquela Verdade Suprema. É verdade que a intuição e a experiência de uma mesma realidade podem ocorrer de diferentes formas, mas notamos que, apesar das diferenças, certos princípios espirituais, sociais e morais são comuns a todas as religiões. Alguns antropólogos são da opinião de que o darma ("lei, dever", em sânscrito) ou a moral é o cerne em todas as tradições religiosas, que aponta mais para a ação correta do que para a ortodoxia, crença correta. Assim, a ética constitui um fio condutor e também é considerada a essência de todas as religiões.

Essas diferenças e semelhanças são avisos constantes de que, não importa qual crença abracemos, somos todos viajantes na busca da verdade. Assim, todos, como viajantes, buscando a Verdade Suprema, somos condicionados pela região geográfica. Tendo isso em vista, surge outra pergunta: Por que estamos buscando essa Verdade? Essa busca perene dá origem ao que chamamos de *fenômeno religioso*. A noção de Deus está presente em todas as regiões geográficas, mesmo com percepções divergentes – não há ser humano sem pensamento religioso, esteja ele onde estiver.

Cada religião reivindica não só uma experiência diferente, mas também uma revelação diferente.

Síntese

Os fundamentos do fenômeno religioso encontram-se em todas as culturas e os povos, mas se apresentam de formas diferentes em razão da influência da especificidade da geografia. É interessante notar que a busca pelo fenômeno religioso é comum para todos, e as razões para as experiências originárias são similares ou idênticas. No entanto, os mecanismos utilizados para lidar com essas experiências são múltiplos. Portanto, o Uno é visto sob prismas diferentes, e o que faz compreender esse fenômeno é o interesse comum a todos os tempos. A compreensão contemporânea desse mesmo fenômeno, segundo Andrés Torres Queiruga (2007), é de que todas as religiões são feixes de um mesmo mistério.

Percebemos que o fenômeno das experiências originárias é universal e existiu em todas as culturas, em todos os povos, desde os tempos antigos. No entanto, tais experiências ocorreram de formas diferentes, de acordo com a influência das regiões geográficas.

Notamos que o planeta Terra é um lugar para todos, mas se apresenta em cinco regiões distintas: a montanha, a floresta, os campos férteis, a região costeira e o deserto árido. As regiões geográficas deram origem a uma experiência plural do mesmo fenômeno: o uno e o múltiplo. Os antropólogos defendem que a verdade é uma só, mas os caminhos para buscá-la são diferentes. Os cristãos caminham na revelação de Jesus. Os budistas buscam a iluminação de Buda. Os muçulmanos encontram seu caminho no Alcorão. Assim, todos os caminhos verdadeiros apontam para a mesma realidade suprema; precisa-se dialogar para alcançar a Verdade Suprema.

Indicações culturais

LINGUAGENS E FENÔMENOS RELIGIOSOS: aula 1. Disponível em: <https://www.youtube.com/watch?v=sdgLSkb78lQ>. Acesso em: 4 dez. 2018.

Neste vídeo, disponibilizado no canal da Universidade Católica de Pernambuco, o Professor Julio César, de Ciências da Religião, explica o fenômeno religioso com base na linguagem e nos símbolos.

Atividades de autoavaliação

1. Referindo-se ao fenômeno religioso, percebemos que o sagrado entra pelos sentidos: está na visão para ver as realidades; está na audição para ouvir o clamor da realidade; está no tato para sentir; no olfato para cheirar e no paladar para saborear. Contudo, não permanece só ali, como afirma Maçaneiro (2011, p. 16), "atravessando a janela dos sentidos, as vivências originárias caem no fundo no abismo que somos nós e deixam lá dentro um toque, uma impressão. Como dizemos em fenomenologia, essas vivências imprimem em nós uma *inscrição interior*".

Com base no texto, assinale a afirmativa correta:

a) Os sentidos não têm importância na experiência do fenômeno religioso.
b) Todos os sentidos são importantes para que o sagrado entre em nós.
c) Existem somente dois sentidos, visão e paladar, os quais são importantes para o sagrado.
d) Os sentidos expulsam o sagrado do nosso corpo.
e) Os sentidos nada têm a ver com o Sagrado, pois este somente se revela pela razão.

2. Leia as duas afirmações a seguir e assinale a alternativa correta:
   I. Uma região geográfica específica produz uma cultura específica, um modo específico de vida e assim também uma religião específica.
   II. A região geográfica não tem relação alguma com a vida humana, pois geografia e religião são realidades estanques.

   Assinale a alternativa correta:

   a) A afirmação II complementa a afirmação I.
   b) A afirmação I complementa a afirmação II
   c) Apenas a afirmação I está correta.
   d) Ambas as afirmações estão incorretas.
   e) Apenas a afirmação II está correta.

3. A região geográfica terra fértil deu origem a quais tradições?
   a) Judaísmo, islamismo e hinduísmo.
   b) Hinduísmo, budismo e taoismo.
   c) Somente à tradição Islã.
   d) A nenhuma tradição.
   e) Apenas ao cristianismo.

4. De acordo com Amaladoss (1995, p. 183): "Alguns diriam que a realidade Suprema é a mesma, embora seja chamada de nomes diferentes. Os hindus chamam Deus de *Isvar*, os muçulmanos invocam *Alá*. Os cristãos falam de *Javé*. Todavia, esses nomes referem-se a uma única e mesma realidade, a saber, Deus".

   Com base no texto, assinale a afirmativa correta:
   a) A realidade suprema é única e ela não tem múltiplos nomes.
   b) Os diferentes nomes de Deus são usados para comparar e afirmar a superioridade de um Deus.
   c) A realidade suprema é única mas carrega nomes diferentes.
   d) Deus é um só, não existe discussão sobre ele.
   e) São atribuídos diferentes nomes porque há vários deuses a serem nomeados.

5. A pluralidade religiosa se deve:
   a) à diversidade da região geográfica.
   b) à pluralidade das divindades.
   c) à pluralidade dos sentimentos.
   d) somente a Deus.
   e) à vontade política de um povo.

Atividades de aprendizagem

Questões para reflexão

Visite um espaço sagrado, uma catedral (o que seria ideal) ou a igreja principal de sua cidade (se for mais fácil), em um horário de pouco movimento de pessoas. Permaneça sentado sozinho em silêncio por alguns minutos, tente manter a respiração normal e calma tentando fazer uma experiência profunda do sagrado. Em um segundo momento, observe as pessoas que visitam essa igreja ou catedral. Veja o que elas fazem e como elas fazem. Tente traçar o paralelo entre o que você sentiu sozinho e o que você observou nas pessoas. Depois, responda:

1. Ao permanecer sentado sozinho, que pensamentos e emoções surgiram em você? Como foi essa experiência?
2. O que você identificou nas pessoas que passaram pelo local?
3. Como você pode estabelecer o paralelo entre o conteúdo a que assistiu no vídeo e sua experiência? Será que pode afirmar que foi uma forma de experiência do fenômeno religioso?

Atividade aplicada: prática

1. Registre os aspectos importantes que foram experimentados por você e observados nas pessoas na igreja ou na catedral que visitou. Utilize uma linguagem específica para explicar essa experiencia.

   Apresente sua produção a um grupo de colegas. Se for possível, peça para que todos permaneçam três minutos em silêncio, tentando repetir a experiência que teve na igreja ou na catedral.

2
Grandes tradições do Extremo Oriente

O Oriente é berço das grandes tradições religiosas. Se alguém quer incursionar na diversidade, tanto no campo religioso e cultural quanto no campo étnico e geográfico, esse seria o destino. A parte ocidental da Ásia, conhecida como *Oriente Médio,* deu origem às três grandes tradições abraâmicas: judaísmo, cristianismo e islamismo. O subcontinente indiano é terra das outras grandes tradições: hinduísmo, budismo, jainismo e siquismo. E a China é o berço do taoismo e do confucionismo, ao passo que o Japão foi onde nasceu o xintoísmo. Além disso, inúmeras outras tradições tribais são encontradas nessa região.

Por essa razão, apresentamos as informações gerais sobre as tradições orientais, sendo que das tradições abraãmicas trataremos no próximo capítulo. A fim de não nos estendermos demasiadamente, escolhemos algumas tradições indianas e chinesas para oferecer um panorama geral das tradições do Extremo Oriente.

2.1 Tradições indianas

A Índia é um caldeirão de tradições religiosas e seu povo tem um ar místico. Observa-se a existência de templos, mesquitas, igrejas e *gurudwaras*[1], além de outros espaços sagrados. Nesse país, há diversas tradições religiosas convivendo harmonicamente, respirando e compartilhando o mesmo ar, no mesmo espaço geográfico. Pretendemos aqui apresentar as tradições indianas, portanto, tendo escolhido as três principais: o hinduísmo, o jainismo e o budismo.

2.1.1 Hinduísmo

O hinduísmo conta hoje com cerca de 1 bilhão de adeptos espalhados pelo mundo, sendo que mais de 900 milhões vivem no subcontinente indiano. Uma das tradições mais antigas da humanidade, essa religião se atualizou, permanentemente, através de novas roupagens, oferecidas por numerosos mestres espirituais que viveram na Índia, ao longo dos séculos. A palavra *hindu* foi inventada pelos muçulmanos para manter a pureza de sua raça e crença. Compreendido a partir da subdivisão – *hi* quer dizer violência, *du* significa longe –, o termo designa aquele que está longe da violência. O hinduísmo não tem um único fundador, como o cristianismo, o budismo ou o islã. É uma coletânea da sabedoria de diversos mestres, anônimos em sua maioria. Sendo a origem obscura, seu nome original é *Sanathana Dharma*, que significa *A Religião Eterna*. Por essa razão, a grande maioria dos hindus na Índia considera que o hinduísmo não tem começo nem fim, simplesmente

1 A tradição siquismo, que não é tratada neste texto, também é uma das tradições indianas. Surgiu no século XVI, fundada pelo Guru Nanak. Para essa tradição, o lugar do encontro ou oração é chamada *gurudwara*, que significa "portal de Deus". Um lugar de oração aos adeptos, como a igreja para os cristãos e o templo para os hindus.

apareceu e permanecerá pela eternidade. Pelo fato de não ter nenhum fundador, o hinduísmo abre espaço para interpretações. Inúmeros mestres, ao longo dos séculos, deram novos sentidos, criando novas roupagens, as quais sobrevivem até hoje.

Por outro lado, cientistas da religião, historiadores e antropólogos procuram estabelecer um possível período para sua origem histórica e seu desenvolvimento. Os ícones das divindades encontradas na região do Vale do Indu, os resquícios das práticas ritualísticas e as mais importantes descobertas arqueológicas das ruínas de antigas civilizações em Mohen-jo-daro e Harappa apontam a existência de um povo conhecido como *dravidianos* ou *drávidas* por volta de 3000 a.C. Adoradores de uma divindade conhecida como *Pashupathi*, "Senhor do Gado", apontam também para a origem do xivaísmo, religião vigente antes da invasão dos nômades da Ásia Central[2].

A teoria evolucionista do historiador e indólogo Max Muller sobre a origem da civilização indiana propõe que, por volta de 2500 a.C., certo grupo de nômades do norte do Irã, chamado *arianos*, deixou o deserto emigrando em seis direções. Os grupos que se deslocaram ao Ocidente espalharam-se por toda a Europa, tornando-se os ancestrais dos povos gregos, romanos, celtas, teutônicos e eslavos. Os que se dirigiram ao Oriente tornaram-se os ancestrais dos indianos. Quando os arianos invadiram a Índia, ali encontraram um povo nativo, os drávidas, o povo da agricultura. Os nômades, com seus espíritos aventureiros, estabeleceram a supremacia sobre os pacíficos nativos, aculturaram-se, e entre eles surgiu uma complexa religião ritualística, inicialmente conhecida como a *Religião Védica*, mais tarde como *bramanismo*, e finalmente como *hinduísmo*.

2 Existem diversas teorias sobre a origem dos povos indianos. Uma delas afirma que eles vieram da Ásia Central. Outra teoria informa que vieram do sudeste asiático. Mas para a nossa compreensão manteremos a teoria de Max Muller.

Desenvolvimento do hinduísmo

Um estudo sobre o desenvolvimento do hinduísmo poderia ser esboçado em cinco fases.

A primeira, **formulação dos Vedas**, pode ser identificada entre 1500 e 1200 a.C. Nesse período, a cosmovisão da Índia era baseada na produção agrícola; portanto, era construída sobre a crença de que as divindades habitavam nos céus e que mandavam as chuvas para a agricultura. Por essa razão, foram desenvolvidos diversos rituais e cultos para as divindades não prejudicarem a agricultura com a falta de chuvas. Boa produção dependia das chuvas e as chuvas dependiam dos ritos. Nessa configuração, mantinha-se o cosmocentrismo – havia relações de interconexão e interdependência entre os humanos e as divindades. O mundo dos deuses estava, invariavelmente, conectado com o mundo dos humanos, um dependendo do outro. Essa dependência mútua era suprida pelos rituais, mas a ideia da divindade ainda era vaga, sem definição do nome.

A segunda fase, a **era dos brâmanes**, que se estendeu de 1200 a 800 a.C., é um período de consolidação e teocentrismo. Os ritos e sacrifícios foram sistematizados, a sociedade recebeu uma estruturação adequada e surgiu a classe sacerdotal, um estrato social para, exclusivamente, presidir os sacrifícios. O hino védico *Purusha Sukta* recebeu uma nova interpretação, abrindo espaço para uma ordem hierárquica da sociedade – que, posteriormente, configurou o sistema de castas com dominação de um grupo, adquirindo certos privilégios especificamente para elaborar os rituais. Alguns pensadores hindus consideram esse período a fase escura do hinduísmo, por causa das manipulações nas interpretações dos hinos védicos pelos sacerdotes.

No terceiro período, que transcorreu de 800 a 200 a.C., a preocupação com a divindade perdeu importância. Foi marcado pelo **antropocentrismo**, pelo **protesto** e pela **interiorização**. Durante esse período, foram escritos os *Upanishads* e também tiveram início seis escolas filosóficas, que discutiam a natureza específica do divino. Outra característica é a crítica violenta aos rituais e sacrifícios elaborados pelos brâmanes de outrora. Surgiram, então, dois tipos de reações a esses complexos rituais, um de fora e outro de dentro.

O movimento de fora tem caráter de **protesto ou reforma**, e teve como desdobramento o nascimento de duas religiões consideradas heresias sectárias, o jainismo e o budismo, fundados por dois príncipes da casta guerreira revoltados contra os rituais dos brâmanes do século VI a.C.

> O fundador do jainismo, Vardhamana Mahavira, é considerado responsável por ter trazido à sua realidade uma tradição de dissidência já existente muito antes de seu tempo. [...]. O fundador do budismo, Sidhartha Gautama, foi um dissidente mais inovador e radical, de quem se diz ter alcançado a "iluminação" em 528 a.C. (Madan, 1992, p. 14)

A segunda reação, a da **contrarreforma**, enfatiza o antropocentrismo promovendo a grande importância da interioridade. O antropocentrismo é refletido na elaboração dos *Upanishads*, nos quais se defende a ideia de que Deus está dentro de cada indivíduo, muito próximo a cada um, não sendo necessário, portanto, um mediador para fornecer uma experiência d'Ele. Assim, os brâmanes perderam seu lugar, pois os sacrifícios foram descartados.

A quarta fase, que se deu de 200 a.C. a 200 d.C., é um período de intensa transformação. Há uma busca de **equilíbrio entre o divino e o humano**, entre o fazer e o ser, entre o ato ritualístico e a realização do rito na vida. Até então, a busca do divino era realizada por meio do raciocínio: a divindade só poderia ser atingida através do esforço intelectual. Uma inovação dessa época é o conceito de *bhakti*, o caminho da devoção. Foram escritos dois épicos da literatura indiana, o *Ramayana* e o *Mahabharata*.

O último capítulo do *Mahabharata* é conhecido como *Bhagavad Gita* – considerado o novo testamento do hinduísmo, o qual aponta o caminho do serviço devocional que todo hindu deve assumir para atingir a libertação.

A quinta fase do hinduismo é inspirada pelo **ensinamento de *Bhagavad Gita*.** Surgem, então, inúmeras interpretações filosóficas sobre o Deus Supremo, sob diferentes pontos de vista. Nesse ambiente de grande efervescência intelectual, destacam-se as reflexões e interpretações de pensadores filósofos como Sankara, Ramanuja, Madhva, Nimbarka, Vallabha e Chaitang. Alguns deles permanecem fiéis à tradição originária dos *Vedas* e dos *Upanishads* – o caminho do conhecimento intelectual –, outros assumem a nova trilha oferecida pelo *Bhagavad Gita:* a do serviço devocional.

Sagradas escrituras

A elaboração de sagradas escrituras está intimamente vinculada com a experiência direta da Verdade. Segundo o hinduísmo, "o único teste aceitável da verdade é a experiência pessoal direta" (Lokeswarananda, 1995, p. 4, tradução nossa). Foi a experiência pessoal direta de muitos místicos conhecidos como *rishis*, durante centenas de anos, que formaram o corpo das escrituras que ficaram conhecidas como os Vedas.

O conhecimento reunido nos Vedas é aceito como válido porque é verificado e verificável por meio da experiência pessoal. A experiência direta, conhecida como *sruti* ("aquilo que é ouvido"), quando testada e verificada na vida com defasagem no tempo, é chamada *smriti* ("aquilo que é lembrado"). Os Vedas descrevem, em detalhe, os passos que o indivíduo tem de seguir para se preparar para a experiência da Verdade Suprema, que os videntes de diferentes épocas clamam ter conhecido.

Os livros sagrados do hinduísmo se dividem em:

- **Vedas** – O nome atribuído significa, em sânscrito, "conhecimento, visão". Segundo as crenças, são livros "exalados" por Brahma em forma de palavras, que os sábios videntes conheceram por visão direta e que foram transmitidas pelo ouvido, ou seja, oralmente, até serem escritas. Existem quatro Vedas: *Rig*, o livro das orações; *Sama*, o livro dos cânticos; *Yajur*, o livro dos rituais que são utilizados nos sacrifícios; e *Atharva*, o livro dos encantamentos sagrados, onde se apresenta o conhecimento relativo às crenças mágicas e animistas do povo comum[3].
- ***Samhita*** (mitologias), ***Brâhmanas*** (rituais) e ***Upanishads*** (comentários sobre os rituais) – Outros livros sagrados que seguem os Vedas e que refletem os aspectos da religião hindu.
- **Tradições** – São as memórias e recordações que compõem a literatura *Sitra* (discurso). Pelos brâmanes, elas são consideradas escrituras inferiores por não terem sido exaladas por Brahma, mas vindas de deuses concretos, como Vishnu, Krishna etc. Escritas em forma de versos, são de fácil memorização.
- **Grandes épicos** – São narrativas das grandes histórias mitológicas.
- **Purânas** – O termo significa "arcaico", "antigo". Esses escritos expõem a origem do universo por emanação, sua destruição e reconstrução cíclica, a genealogia dos deuses e dos antigos "videntes". São textos teogônicos e cosmogônicos.
- **Bhagavad Gita** – O nome significa "canto do Senhor". São ensinamentos do deus Krishna. É tão aclamado quanto o Novo Testamento dos cristãos; finaliza o teste da experiência direta, sendo um relato da veracidade do conhecimento empírico dos textos anteriores.

3 É importante saber que "apesar de os Vedas armazenarem o conhecimento e experiência de muitos que viram, é sabido que meramente lendo os Vedas ou apreendendo intelectualmente sobre a verdade de que falam não é o suficiente, mas que a verdade deve ser conhecida pelo próprio indivíduo, do mesmo modo como a fome não é satisfeita a não ser que o indivíduo ingira o alimento; então, a não ser que o indivíduo tenha a experiência direta da verdade, suas dúvidas nunca cessarão, e ele não será capaz de deleitar-se plenamente com o conhecimento da verdade" (Lokeswarananda, 1995, p. 4, tradução nossa).

Tríade hindu

Na Índia Antiga estava arraigada a consciência monoteísta da divindade: um só Deus. A atual corrente xivaísta indiana é uma expressão da reminiscência dessa crença. Ainda hoje há ali uma supremacia do monoteísmo em relação às tendências politeístas. O próprio hinduísmo, em sua fase primitiva, era marcado por um monismo puro: a crença em Brahma, um só Deus, infinito, absoluto, supremo. Esse Brahma, o Infinito, veio a ser conhecido como *Nirguna*, que significa "o que está além de todas as qualidades humanas", por não sofrer nenhum tipo de mudança.

Mais tarde, as sequenciais invasões estrangeiras fomentaram uma experiência multicultural, que promoveu a ideia da tríade. Brahma era até então distante, absoluto. Nirguna passou a ser chamado *Sadguna*. Esse Deus em uma manifestação pessoal, acessível aos seres humanos, embora transcendente, era a presença divina em todos os seres, oculta dentro da pessoa humana e em outros seres.

Sadguna Brahma pode ser chamado de "Brahma qualificado", quer dizer aquele que, embora uno, se apresenta sob três aspectos: Brahma, Vishnu e Shiva, respectivamente Criação, Preservação e Transformação. Esses atributos da divindade são conhecidamente uma metáfora originária da experiência agrícola. Na agricultura, há um processo cíclico e contínuo da preparação da terra, semeadura, crescimento das plantas, colheita e finalmente morte. Acompanhando a visão do Robert Hinde, Smet e Nuener (1997, p. 315) afirmam que a tríade hindu provém dos cultos solares: "o 'Sol de três corpos', criando com seu calor fertilizante, preservando com sua luz e destruindo com seus raios que queimam [...] Ele é o *Dinakar* durante o dia todo, é chamado *Bhaskar* na parte da manhã, *Martand (Rudra)* ao meio-dia e *Rajanikar*, criador da noite, à tarde".

Assim surge, novamente, a busca por uma unicidade que forma a base do conceito de Deus no hinduísmo. A criação da imagem da tríade hindu – um corpo com três cabeças – poderia ser interpretada como uma consequência do processo de aculturação. As duas primeiras, de Brahma e Vishnu, foram levadas pelos arianos do universo do deserto, enquanto Shiva, o terceiro, é o nativo incorporado. Brahma, Visnhu e Shiva são os três aspectos da divindade que existem perpetuamente, como acontecem, a todo tempo, no universo os processos de criação, destruição e preservação.

> A ideia da tríade hindu tem raízes na experiência agrícola, a qual é regida pelo sol, que dá vida para todas as formas existentes.

> A criação e a destruição são como dois lados de uma moeda. E a sustentação é uma parte integral do processo de criação e destruição. Por exemplo, a manhã morre para dar à luz a tarde. A tarde morre quando a noite nasce. Nesta cadeia de nascimento e morte, o ciclo do dia é mantido. Para indicar que estes três processos são um e o mesmo, os três deuses são combinados na única forma do Senhor Deus. (Parthasarathy, 1985, p. 21)

Assim, percebemos claramente que a ideia da tríade hindu tem raízes na experiência agrícola, a qual é regida pelo sol, que dá vida para todas as formas existentes. O sol que sustenta, o sol que é causador de chuva e o sol que destrói para dar a vida de novo.

Sistema de castas

Na tradição hindu, a religião e a sociedade estão profundamente ligadas, e a organização social respeita o sistema de castas. Cada casta (explicada teologicamente pelas emanações de Brahma) tem um estatuto próprio, e as obrigações vivenciadas em vida possibilitam a reencarnação em uma casta superior, até a purificação total da alma, no seu retorno para Brahma. Essas reencarnações são uma espécie de exigência da justiça e daí a passividade hindu diante das discriminações das castas. Dessa forma, define-se as subdivisões da sociedade: havia a classe nobre, formada por sacerdotes e guerreiros, e as classes baixas, formadas pelo povo em geral (Johanns, 1997, p. 31).

De modo geral, encontram-se as seguintes castas:

- *Brâmane*: emana da cabeça de Brahma; sua função social é o sacerdócio.
- *Ksatriya*: origina-se dos braços de Brahma; sua função social relaciona-se à classe dos nobres e dos guerreiros.
- *Vaiysia*: associado às pernas de Brahma e, por isso, sua função diante da sociedade é o trabalho liberal.
- *Sudra*: emana dos pés de Brahma; sua função social é o trabalho manual[4].

Princípios éticos

São quatro os princípios de vida estabelecidos pelos Vedas para a existência humana: *artha, kama, dharma* e *moksha.* Como aponta Octávio Paz (1996, p. 151), esses princípios têm sua própria dinâmica, e um sustenta o outro.

> O primeiro refere-se à vida prática, ao mundo dos ganhos e das perdas, dos êxitos e fracassos; o segundo refere-se ao domínio do prazer e da vida sexual, não está regido pelo interesse, mas pelo desejo; o terceiro compreende a vida superior: o dever, a moral e os princípios que norteiam a conduta de cada um diante de sua família, sua casta e a sociedade; o quarto consiste na libertação das cadeias da existência. Todas as quatro finalidades são legítimas.

4 Existem também outros grupos chamados por vez como *Paria* ou outras vezes como *Dalit*. Eles são os excluídos e se encontram fora do sistema das castas, por isso, são intocáveis e desprezados.

Porém, na escala de valores, o prazer é superior ao trabalho, o dever ao prazer, e a libertação, aos outros três. (Paz, 1996, p. 151)

Os princípios éticos hinduístas defendem claramente um **etos mundial**, no sentido de uma atitude moral e não no sentido de um sistema ético. O interessante é que esses princípios não exigem uma ascese como uma renúncia monástica ao mundo com o fim de livrar-se do fluxo dos nascimentos, mas uma atividade unida a um distanciamento do mundo. Talvez isso seja universal pois pode ser aceita também por um judeu, por um cristão ou por um muçulmano, por um budista ou por um confucionista: "Cumpre teu dever no mundo, mas não te deixes vencer por ele!". Portanto, trata-se de um engajamento sem vício e sem escravidão!

2.1.2 Jainismo

O jainismo se desenvolveu na bacia do Rio Ganges, na região norte da Índia e atualmente se encontra espalhado por quase todo o país, em escala menor. Apesar de enfatizar fortemente as práticas de não violência, abstinência e crença na reencarnação, o jainismo não encontrou um terreno fértil ao seu crescimento, no que se refere ao número de adeptos, cerca de 5 milhões de fiéis. O jainismo foi fundado, no século VI a.C., por Vardhamana, que, posteriormente, foi chamado de *Mahaveera* ("Grande Herói"), contemporâneo de Buda. Assim como o budismo, essa tradição é um desdobramento do hinduísmo, como movimento heterodoxo, ao não aceitar a autoridade dos Vedas.

Doutrina

O elemento fundamental no desenvolvimento da doutrina jainista é a **não violência**, que está na crença de que todos os seres, até mesmo os vermes, possuem alma. O número das almas é infinito e de diversas espécies, segundo o número dos sentidos, desde aquelas que têm apenas um, ou até aquelas que têm cinco sentidos. Essa crença levou a propagar a **reverência pela vida**, de tal maneira que lhes é proibido: matar ou ferir qualquer vivente, por palavras, pensamentos ou atos; matar os animais para comer; caçar ou pescar qualquer criatura, mosquito ou abelha; lutar contra aquele que ataca.

> O elemento fundamental no desenvolvimento da doutrina jainista é a **não violência**, que está na crença de que todos os seres, até mesmo os vermes, possuem alma.

Os jainistas acreditam que toda alma é potencialmente divina e pode atingir seu verdadeiro objetivo, seguindo as práticas de purificação e disciplina deixadas pelos *tirthankaras*[5].

Trata-se de uma religião sem deuses, sem culto e sem oração. Possui templo, mas apenas para as reuniões da comunidade (*sangha*) e para homenagear (com água, óleo, flores, perfumes, lamparinas, frutas, doces etc.) os 24 *tirthankaras* ou profetas (os mediadores da libertação definitiva em relação ao *samsara*, isto é, aos ciclos de mortalidade e reencarnações), venerados como modelos de virtude, não como intercessores. Sua ideia pétrea se estabelece em vista da libertação do carma e de que devemos realizar todos os esforços possíveis para essa libertação. Trata-se de uma religião profundamente ascética, talvez a mais ascética de quantas se conheça.

Asceticismo jainista

O asceticismo rigoroso por parte dos jainistas encontra-se vinculado à renúncia ao objetivo de atingir a completa libertação dos efeitos do

5 Conforme a tradição jainista somente 24 seres libertados desceram ao mundo e estes são conhecidos como *Tirthankaras*, entre os quais Mahaveera é o último. Etimologicamente *Tirtha* significa "a muralha, um meio de cruzar", que denota uma filosofia ou guia espiritual que ajuda o atravessar o oceano de renascimentos neste mundo. *Kara* significa "aquele que faz acontecer".

carma. Para os jainistas, diferentemente dos hindus e budistas, o carma é um conceito moral de causa e efeito. Há ênfase no asceticismo, porque é desse modo que a alma é desenredada do carma, a natureza material do universo.

Os textos sagrados jainistas que compõem o *Agama* contém os ensinamentos de Mahaveera; *Chedasutras* apresentam as regras do ascetismo; e os *Culikasutras* abrangem a natureza da mente e do conhecimento. Sobre os *Chedasutras*, vale acrescentar que apresentam o cerne da doutrina jainista, os Grandes Votos, conhecidos como *Mahavratas*, feitos pelos monges, a saber: "não violência (*ahimsa*), falar a verdade (*satya*), a abstinência sexual (*brahmacharya*), não pegar nada que não seja dado (*asteya*) e o desligamento de pessoas, lugares e coisas (*aparigraha*). Mais tarde, um sexto foi a ele adicionado: abster-se de comer à noite" (Bowker, 1997, p. 42). Enquanto os leigos fazem votos menores, como viver por toda a vida como vegetarianos e manter a proibição de cultivar a terra, de cortar as árvores, de ferver a água, de usar o fogo e de matar insetos. Para os jainistas somente seis ocupações são aceitáveis pela tradição: "governar, escrever, as artes, a lavoura, sem um artífice, e o comércio" (Bowker, 1997, p. 42).

De modo geral, os ascetas passam grande parte da vida como andarilhos. Não usam calçados. Eles não podem cozinhar ou cultivar o alimento. Eles devem mendigar em silêncio. Seu alimento é coletado nas tigelas de esmola e levado até o mosteiro, onde é consumido durante o dia, longe do olhar dos leigos. Por outro lado, os leigos são obrigados a dar o alimento ao monge jainista, pois, dando a esmola, o leigo jainista obtém o mérito espiritual. Também há certo rigor entre os agricultores jainistas, os quais não plantam aquilo que cresce no subsolo, como batata, cenoura, alho, pois durante a colheita podem matar as minhocas que se encontram debaixo da terra sem perceberem.

Cosmologia do jainismo

O universo cosmológico do jainismo é construído com base na experiência ascética dos monges em relação a seu próprio corpo, que compreende três partes maiores conhecidas como *loka:* cabeça, tronco (peito e abdômen) e pernas. A parte de cima é o lar dos que atingiram o estado de iluminação; a parte do meio é composta dos seres vivos mortais e a de baixo é o nível infernal, a região mais fria, a do castigo. Cada parte, por sua vez, recebe suas subdivisões, conforme o resultado das ações realizadas ao longo da vida.

A parte mais importante é a superior, que se encontra subdividida em cinco partes menores. É o lugar dos cinco seres supremos idealizados, em torno dos quais se estabece toda a vida ascética do jainismo. Os seres que estão acima de todos são chamados *arhats,* ou seres honrados, grandes mestres que ensinam o caminho da libertação. Em segundo lugar, vêm as almas libertadas, conhecidas como *sidhas,* ou aqueles seres que são iluminados, que vivem no teto do universo em estado de pura felicidade. Em terceiro, estão os mestres que conduzem os monges mediante seus ensinamentos; em quarto lugar, encontram-se os mestres da instrução que ensinam a escrever os sagrados livros. Por fim, em quinto lugar, estão todos os monges que buscam a iluminação. Esse universo dos cinco supremos representa tanto a prática como o objetivo do caminho do asceticismo do jainismo.

Dois ramos do jainismo

Passados alguns séculos da morte de Mahaveera, surgiu uma disputa entre os discípulos sobre as regras da vida monástica a qual teve como resultado a divisão em dois grupos: um conhecido como *digambaras,* que significa "vestidos pelo céu" e quer dizer "nus", e o chamado *shvetambaras,* ou "cobertos pela veste branca".

Os digambaras

Os *digambaras* são o ramo principal do jainismo na atualidade. Depois da cisão entre os discípulos de Mahaveera, os radicais deixaram o norte da Índia e migraram em direção ao oeste e ao sul da Índia, mantendo as práticas radicais. Conforme esse ramo, os monges ascetas devem deixar todas as suas propriedades, e não devem vestir nada para se cobrir. De acordo com esse ramo, toda posse é impedimento à libertação; portanto, eles não usam roupa. Esse ramo obriga as monjas a usarem roupa, pois consideram que as mulheres são incapazes de atingir a libertação. Para serem capazes disso, elas devem renascer como homens. Observando a prática de não violência, os monges também utilizam uma vassoura para varrer o caminho por onde andam, para não pisarem em insetos. Eles tomam água somente de poços abertos, mendigam a comida e a refeição é feita somente uma vez ao dia.

Os shvetambaras

O ramo *shvetambara* é um pouco aberto, principalmente aos leigos jainistas. Ele é fortemente enraizado no norte da Índia, principalmente na região de Gujarate e Rajastão, noroeste da Índia. Eles são mais liberais e permitem aos monges e às monjas usar vestes brancas. Eles alegam que o desprendimento está na mente, e que a nudez pode exigir que se acenda fogo no inverno, destruindo igualmente a vida. Sendo abertos, entendem que as mulheres são capazes de acolher a vida ascética, e assim, podem libertar-se. Posteriormente, esse ramo sofreu inúmeras subdivisões, cada uma tentando abrir-se para novas ideias conforme a época e a região.

2.1.3 Budismo

Uma das tradições que surpreende na atualidade com suas práticas espirituais mais profundas e ao mesmo tempo não reconhece a ideia de Deus é o budismo. A doutrina budista possui uma dimensão muito peculiar e consegue dialogar com ciências como filosofia, astrologia e metafísica. A grandeza dessa tradição se encontra na afirmação de que, somente através da percepção direta e do autoconhecimento, o ser humano pode alcançar a natureza original, inerente a todos os seres sensíveis, que os budistas dizem ser a natureza de Buda.

Por isso, muitos cientistas da religião consideram o budismo uma religião não teísta. A doutrina budista não é norteada pela figura de um Deus, mas por valores morais, concentrando-se somente no bem-estar do ser humano, o qual pode ser alcançado por meio da meditação. A preocupação da doutrina budista não é adquirir o conhecimento sobre a origem do mundo, mas libertar-se do mundo, que desperta desejos e, consequentemente, o sofrimento. Para tal libertação, o instrumento utilizado é a própria pessoa, pois ela sabe que não tem ninguém para agradecer ou invocar. A pessoa é responsável por seu caminho.

A vida de Sidharta Gautama

A tradição budista apresenta diversas versões sobre o nascimento de Sidharta Gautama, que foi marcado por sinais extraordinários. Os aspectos lendários parecem estar embutidos nas descrições. O primeiro deles aponta que, logo após seu nascimento, Sidharta caminhou sete passos, deixando marcas de lótus no chão. Como era de praxe na a tradição hinduísta, os monges eram convidados a predizer o futuro da criança logo após seu nascimento, assim aconteceu com o príncipe. Asita, um eremita centenário, profetizou que o menino tornar-se-ia um imperador ou *chakravartin* ("movedor de roda"), caso se mantivesse leigo; ou alcançaria a iluminação e tornar-se-ia um monge ("renunciante"), se fosse ordenado.

O pai, Suddhodana, com o intuito de impedir que Sidharta assumisse a vida de renunciante, construiu três magníficos palácios para o filho, um para cada estação do ano na Índia (monções, inverno, verão), entre os muros de uma fazenda de 108 alqueires, obrigando-o a viver em uma atmosfera de felicidade e luxo. O objetivo era dotá-lo de gosto pelo mundo material e pelos prazeres ali existentes, mantendo-o, ao mesmo tempo, distante de todos os tipos de sofrimento. A vida nos limites desse muro parece ter produzido em um primeiro momento tranquilidade ao pai, sendo que Sidharta Gautama casou-se, aos 19 anos, com sua bela prima Yashodhara e teve um filho, Rahula.

Suddhodana admitia somente pessoas jovens e saudáveis como serviçais nos palácios do príncipe. À medida que envelheciam, os funcionários dos palácios eram levados a uma vila, construída no meio da floresta, de onde nunca mais poderiam sair e eram condenados a enfrentar sua condição humana da velhice, da doença e da morte. Ao mesmo tempo, não eram mais percebidos pelo príncipe, que, assim, não via a decrepitude ligada à existência dos seres vivos.

Também havia a prática de recrutar para a corte moças adolescentes, plebeias do campo, para trabalhar como criadas. A renovação dos rostos que cercavam o Sidharta era regular, a fim de que ele pudesse escolher qualquer menina como concubina. Aqui podemos ressalvar no cânone budista um aspecto importante: a ausência de referências nas narrativas a respeito da vida de Sidharta sobre sua paixão por uma moça chamada Sujata. Como aponta Deepak Chopra (2007, p. 72),

> Ele [Sidharta] viu uma das criadas mais jovens, tentando encobrir seu riso, tossindo e abanando a mão na frente do rosto, como se estivesse engasgada. [...] Sidharta, evidentemente, se encantara com a beleza da moça. Seus olhos ficaram maiores, e ele,

> inconscientemente, assumiu uma postura mais ereta, como um pavão se exibindo diante da fêmea.

Percebendo essa paixão, Devadatta, o invejoso primo do príncipe, violentou, assassinou e abandonou o corpo de Sujata fora dos limites dos palácios reais. Ao perceber sua ausência, o príncipe, acompanhado por seu servo, Channa, teria saído em busca da jovem – essa, aliás, teria sido sua primeira jornada extramuros. Nessa excursão, conheceu a vila construída por seu pai para abrigar os funcionários idosos. Lá, ouviu queixas e, principalmente, ficou fortemente impressionado com a condição humana. O contexto é resumido por Hans Kung (2004, p. 150):

> Inevitavelmente, todo homem envelhece. Todo homem adoece. Todo homem vai morrer. Velhice, doença, morte: três símbolos do efêmero e do transitório. É nisso que consiste o problema básico de toda existência humana: nada na vida é estável. Todas as coisas sempre dependem de outras. Tudo muda, tudo perece. Em última análise, tudo é sofrido, tudo está associado ao sofrimento.

Totalmente desiludido, Sidharta tentou sair pela segunda vez do palácio e, nessa jornada, encontrou "um monge mendicante, de uma magreza espantosa, vestido com farrapos e apenas com tigela de esmolas na mão. No entanto, possuía o olhar sereno de um vencedor. Era um monge asceta, um homem que vencera a dor, a morte, e a angústia, em busca do Atman (o Eu)" (Simões, 1985, p. 22). Nessa surpreendente figura, Sidharta percebeu existir uma **saída para o sofrimento humano.** Desde então, seguiu o caminho do asceticismo da antiga tradição hindu. Sem encontrar respostas, procurou seu caminho sozinho e, segundo a tradição, aos 42 anos de idade alcançou o *status* de Buda ("o Iluminado"), sob uma figueira, na região de Bodh Gaya. Naquele momento, iniciou uma extensa peregrinação, encerrada quando faleceu aos 80 anos de idade ao comer um alimento acidentalmente envenenado por um de seus discípulos.

Doutrina budista

A doutrina de Buda tem como princípio a **experiência meditativa**, que ele mesmo resumiu em seu famoso sermão de Benares (ou Varanasi), que até hoje é aceito, claramente, por todos os fiéis budistas:

> O que é, irmão, a dor? O que é a origem da dor? (O que é a eliminação da dor?) Qual é o caminho que conduz à eliminação da dor? Nascimento é dor, velhice é dor, doença é dor, morte é dor; aflição, desânimo é dor, não conseguir o que deseja ardentemente é dor. Mas qual é, irmãos, a origem da dor? É esta sede de viver, alimentada pela satisfação: é o apego ao ser e ao bem-estar. Isso, irmãos, é a origem da dor. Mas o que é, irmãos, a eliminação da dor? É a completa e total eliminação, a supressão, a negação dessa sede de viver. Mas qual é, irmãos, o caminho que conduz à eliminação da dor? É o santo caminho das oito regras, isto é: reta consciência, reta intenção, reta palavra, reta ação, reta vida, reto esforço, reto saber, reto recolhimento. (Ghislandi; Taimei, [s.d.], p. 11)

Podemos resumir a essência do budismo no sermão de Benares, que, com efeito, está contido em quatro proposições que são denominadas *quatro verdades nobres*[6]. De acordo com a primeira, a dor como está ligada ao eterno fluir das coisas; a segunda mostra o desejo, que é a causa da dor; a terceira faz da supressão do desejo o único meio de suprimir a dor; a quarta enumera as três etapas pelas quais é preciso passar, para chegar a essa supressão do desejo, que conduz ao **nirvana**. Hans Kung (2004, p. 154) resume essas três etapas como "reto conhecimento, e reta intenção: saber (*panna*); reto falar, reto agir, e reto viver: moralidade, ética (*sila*) e reto esforço, reta atenção e reta concentração (*samadhy*)". As quatro verdades apontam que a felicidade e a

6 Existe outra elaboração sobre as quatro verdades nobres de Bowker: "[...] primeiro, toda a existência é *dukkha*, ou seja, insatisfatória e cheia de sofrimento, segundo, o *dukkha* deriva do *tanha*, o desejo ou apego, que significa o esforço constante de encontrar algo permanente e estável no mundo transitório; terceiro, o *dukkha* pode cessar totalmente, e isso é o nirvana; quarto, tudo pode ser alcançado pelo Caminho Óctuplo" (Bowker, 1997, p. 54)

infelicidade são inseparáveis na existência humana; o budismo nomeia *dukkha*, o sofrimento humano.

Enquanto se elabora a doutrina budista, é fundamental falar sobre um dos símbolos principais que constrói toda a doutrina budista: a Roda da Vida, que é chamada *Dharmachakra* e representa todos os ensinamentos de Buda. A roda também representa o ciclo de *samsara* (renascimentos), que poderia ser evitado, seguindo os ensinamentos de Buda. Os budistas também consideram as três partes básicas da roda – eixo, raios, limites – como símbolos dos três treinamentos da prática budista. O eixo remete à estabilidade proporcionada pela disciplina moral; os raios representam o treinamento de concentração, e o limite segura tudo como conjunto.

Observa-se a intimidade do budismo com o universo natural da terra fértil, na construção de seus símbolos e de seu universo doutrinário.

Entre todos os conceitos doutrinais e éticos, o da Roda da Vida remonta a um dos ensinamentos básicos do budismo: as quatro nobres verdades. A Roda remete ao universo cíclico agrícola, em que notamos a impermanência dos processos e das coisas. A vida cotidiana, simbolicamente apresentada na Roda da Vida (também conhecida como *Roda da Existência, Roda do Devir* ou *do Vir a Ser*), foi criada pela tradição *Mahayana*, que até então era conhecida como *Sarvastivada*, precursora do budismo. Observa-se a intimidade do budismo com o universo natural da terra fértil, na construção de seus símbolos e de seu universo doutrinário. No interior dessa familiaridade com o mundo da natureza, a vida humana é apresentada na Roda da Vida, que, por sua vez, recebeu novas explicações e novos conceitos existenciais mais precisos, que necessariamente são aplicados à busca da iluminação. O *Anicha*, que pode ser traduzido como "impermanência", e o *dukkha*, que pode ser entendido como "miséria causada pelo desejo", são importantes.

Anicha ou impermanência

O ser humano constantemente se relaciona com as coisas do mundo. Ao se dedicar à meditação silenciosa proposta pela doutrina budista, ele consegue identificar a impermanência das coisas, introduzindo uma nova percepção da transitoriedade. Observa-se que não só o mundo externo passa pelas mudanças, mas também nossas representações a seu respeito. Tudo passa por desconstruções e reconstruções. Essa observação fenomenológica, levou Buda a alertar o fato de que a impermanência é o elemento fundamental de todos os fenômenos, inclusive de tudo o que pode ser chamado de *Eu* – o corpo, a mente, as sensações, as percepções e os sentimentos. Segundo essa percepção, a existência é um estado impermanente, transitório, aplicado ao próprio curso de vida humana, percorrendo diversas fases como nascimento, envelhecimento, adoecimento e morte.

O conceito da impermanência parece ter uma influência geográfica da região. Toda a pregação de Buda aconteceu entre Gaya e Bodh Gaya, nos estados de Bihar e Uttar Pradesh, onde existem climas extremos de frio, calor e chuvas. Essa sequência de estações provavelmente deu origem ao conceito *anicha,* que é ausente no contexto desértico, onde a pouca chuva e a imensidão da área impossibilitavam evocar esse ciclo de transitoriedade.

Dukkha ou sofrimento

O conceito *dukkha,* proveniente da língua páli, posteriormente assimilado pelas línguas indianas, é típico oriental sem ter um termo correspondente nas línguas ocidentais. O termo *dukkha* remete a múltiplos significados: ele é tanto referido à alegria como ao sentimento da dor.

> *dukkha* pode ser explicado, de forma simples, a partir do fato de que, quando temos alegrias, elas constituem-se em sementes do sofrimento. Essa é uma experiência cíclica – é como uma roda girando, entre as polaridades de estar bem e estar mal.

> Gostaríamos de encontrar o freio, quando estamos na região de felicidade, e gostaríamos de acelerar, quando estamos infelizes. (Samten, 2008, p. 26)

A princípio, é uma análise sutil no universo dos sentimentos, em que há experiências de oscilações e de transformações. De modo geral, os seres humanos contam com cinco sentidos. A tradição budista afirma que a mente é o sexto sentido, o qual controla e organiza todo o desenvolvimento dos outros cinco. Os cinco sentidos afirmam o contato do ser humano com o mundo externo; o sexto sentido o conduz a agir ou a reagir, conforme a informação da experiência sensorial do contato com o mundo externo. Se os sentidos apontam para uma sensação agradável no contato com os objetos externos, cria alegria e apego; se, ao contrário, a reação é de desconforto, cria-se aversão. Esse jogo entre o apego e a aversão é denominado *dukkha*.

Tal conceito *dukkha* parece ter surgido na elaboração da doutrina budista, por causa da experiência do luxo vivida pelo Buda enquanto ele era adolescente e jovem no confortável palácio entre os muros.

> Cada pequeno objeto, cada pedrinha da paisagem, tem uma correspondência interna em nós em forma de energias, que percorrem nosso corpo e nervos. A isso chamamos "ventos internos". Nosso apego não é às coisas, mas aos ventos internos que elas provocam. Os ventos internos são a experiência íntima dos objetos e também dos seres. Essa dependência e apego são a base de *dukkha*. (Samten, 2008, p. 27)

É interessante notar que os conceitos de impermanência e sofrimento, com efeito, encontram-se interligados. Por um lado, o ser observa na natureza o processo das mudanças e ao mesmo tempo faz a experiência das transformações no seu próprio corpo. Assim, os fatores externos e internos geram o desejo e, consequentemente, o sofrimento ou *dukkha*.

Textos sagrados budistas

Buda não escreveu textos sagrados; parece que estes foram produzidos por seus discípulos. Por muito tempo, os monges budistas mantiveram os textos sagrados de forma oral, recitando-os nos encontros e nas orações diárias.

A primeira e a mais completa coleção das sagradas escrituras é o *Tripitaka*, ou três cestos de sabedoria, a qual se encontra na língua páli, que era falada no tempo de Buda, no norte da Índia.

O primeiro cesto é o *Vinaya Pitaka,* ou **cesto da ordem**. O conteúdo básico dele é a vida de Buda, a origem da vida monástica e as regras de disciplina no monastério.

Sutra Pitaka é o segundo, o **cesto das instruções**, que contém os ensinamentos de Buda e suas vidas anteriores. Encontram-se escritos em forma de histórias ou *jatakas.*

O *Abhidharma Pitaka* é o **cesto do ensino superior** e seu conteúdo é organizado em sete secções, desde o século IV a.C.

Existem textos secundários que abordam o conteúdo do budismo. O texto *Mahavastu* engloba os diversos estágios de se tornar um *bodhisatva*. O segundo texto secundário é "Questões do Rei Milinda", que incorpora o diálogo entre Nagasena, o sábio budista, e o rei Milinda, de origem grega, que ocupou a Índia depois de Alexandre Magno. O terceiro texto secundário é *Prajnaparamita sutra* ou a Sabedoria Perfeita, que compreende explanações para atingir a iluminação.

Escolas budistas

A ramificação da doutrina budista teve seu início depois de 500 anos de seu nascimento. Entre as diversas correntes, duas escolas se tornaram mais conhecidas: Hinayana e Mahayana. A terceira escola mais conhecida atualmente é a Vajrayana, que se originou, posteriormente, no Tibet.

Hinayana

A escola Hinayana (o "pequeno veículo"), afirma que somente os monges, que levam uma vida totalmente ascética, podem atingir a iluminação. Eles são da tradição originária do budismo, portanto, os seguidores são conhecidos como *theravadins*, isto é, seguidores dos anciãos.

Mahayana

Seu nome significa "grande veículo", e é uma escola mais aberta, que dá possibilidades, inclusive aos leigos, de fazerem a experiência da vida monástica, e assim buscar a iluminação. Essa escola acrescenta a possibilidade de reflexões filosóficas e místicas; dá espaço a práticas devocionais dirigidas a Buda e a outros seres iluminados.

Vajrayana

Considerada o "veículo de diamante", a Vajrayana é a corrente mais difundida no Brasil e a que se encontra mais distante das doutrinas originárias de Buda. Difunde exatamente os pontos que Buda criticou: o ritualismo, a mística e a magia. Foi desenvolvida mais no Tibet, com suas religiões nativas, com o elemento místico. Contemporaneamente, é muito popular no Ocidente, principalmente no Brasil.

O foco do budismo é superar o sofrimento; assim, precisou desenvolver e cultivar a centralidade do respeito, da tolerância e da gentileza perante todas as criaturas do mundo. Essa atitude respeitosa com todos os seres representou um elemento crucial na difusão da doutrina budista como religião de viés universal, capaz, inclusive, de superar seus primitivos limites geográficos da Índia e se tornar a religião principal do Sudeste Asiático.

2.2 Tradições chinesas

Ainda que haja muita influência da China no Ocidente, em campos variados, no campo religioso, isso não se confirma. De modo geral, as religiões chinesas abrangem um universo mais amplo, incorporando filosofias e religiões diferentes, entre as quais, três se destacam: confucionismo, taoismo e budismo. Por isso, a China é também conhecida como *a terra dos três caminhos*, ou em chinês: *San-chiao*. O budismo chegou à China no século VI, por Bodidharma, e tornou-se uma das religiões principais do país.

2.2.1 Confucionismo

O confucionismo, o primeiro caminho do *San-chiao*, foi inspirado em Confúcio ou Kong Fu-Tseu, "Mestre Kung", inscrito nos *Analectos*. Ele, sem dúvida uma das maiores personalidades da China, tornou-se conhecido na Europa somente no século XVI, graças ao Padre Ricci, um missionário italiano que também foi responsável pela latinização do nome do mestre: Confúcio. Kong Fu-Tseu foi um verdadeiro reformador político-social, que pensava e agia de modo tão prático e decisivo em sua época que influenciou o destino da milenária China.

Confúcio nasceu em 551 a.C. e morreu em 479 a.C. É popularmente, e erroneamente, considerado fundador do confucionismo. Era cético e indiferente em relação a muitas ideias religiosas tradicionais de seu tempo, mas defendia a piedade filial e os ritos ancestrais como bases para construir uma sociedade justa e fortalecida nos princípios morais. Na realidade, não foi o fundador de uma nova religião, mas um filósofo, um pensador, que influenciou fortemente a cultura chinesa.

Iniciou seus estudos aos 15 anos, casou-se aos 19, teve muitos filhos e se dedicou, a partir dos 22 anos, a ensinar e a fazer carreira política, como conselheiro de reis chineses.

Sistema ético do confucionismo

O confucionismo não é uma religião propriamente dita, mas um sistema de pensamento filosófico e ético, de caráter pragmático e não teórico, mesmo com rituais (cerimônias). É, em suma, uma sabedoria da dinastia Han (206 a.C.-221 d.C.). Seus ensinamentos passaram a ser um sistema religioso e político, tendo como objetivo manter a harmonia entre o céu, a terra e a humanidade.

Nessa época, os escritos de Confúcio tornaram-se textos oficiais. São eles: *Os Analectos, A Doutrina do Meio, O Grande Aprendizado* e *Mêncio*.

Confúcio reconhecia uma lei suprema, superior a todas, o Mandato Celestial. Conforme essa lei, cada homem, principalmente o governante, devia agir com justiça, lealdade e responsabilidade moral diante do povo e dos compromissos assumidos.

A ética do confucionismo apresenta cinco relações como deveres de cada homem:

1. relação de justiça entre o príncipe e os súditos;
2. relação de amor mútuo entre pais e filhos;
3. relação de fidelidade entre marido e mulher;
4. relação de respeito entre velhos e jovens;
5. relação de lealdade entre amigos.

O universo familiar parece receber importância nessas relações, pois nelas existe uma ordem predeterminada. O universo familiar é estendido ao universo do Estado e à nação. Assim, o súdito deve obedecer ao governante; os filhos devem obedecer aos pais; as esposas devem obedecer aos esposos; os irmãos mais novos devem obedecer aos irmãos mais velhos; e somente entre amigos há uma relação de igualdade. Cada pessoa deve assumir a responsabilidade conforme sua posição. Essa ordem, que funciona nas relações entre as pessoas, deve ser a ordem que funciona e governa o todo da sociedade, inclusive todo o império.

Para o confucionismo, o conceito *jen* é o elemento-chave para compreender as relações. Todas as relações devem ser marcadas pela virtude do *jen*, que significa muitas coisas, como bondade, humanismo, bem-estar. Justamente nela está a compreensão do amor ao próximo, da integridade pessoal e do altruísmo. Pregar a virtude do *jen* nas relações humanas foi a grande tarefa de Confúcio. Com a proposta de *jen*, o pensador queria estabelecer uma sociedade chinesa perfeita.

Pregar a virtude do *jen* nas relações humanas foi a grande tarefa de Confúcio.

Nos séculos subsequentes a sua morte, os reinados chineses adotaram a doutrina confucionista como oficial, e seus ensinamentos se tornaram obrigatórios para todas as pessoas que quisessem exercer o ofício de mestre ou professor.

A ordem nas relações sociais e familiares proposta por Confúcio é tirada de outro conceito, que é conhecido como *T'ien* ("céu"). A compreensão do *T'ien*, o poder superior, a partir do qual se ordena toda a existência, era uma antiga doutrina chinesa. Todo o sistema de organização social e das relações entre as pessoas é legitimado pelo *T'ien*, assim Confúcio permaneceu fiel à antiga ordem. Confúcio não entende essa ordem implantada ou proposta por ele como a sua ordem, mas como a ordem do *T'ien* e, por isso, a única ordem. Dessa visão decorrem os princípios fundamentais do sistema confuciano:

- crença na bondade natural do homem;
- inexistência de uma culpa ou pecado original;

- capacidade de salvação pelo esforço natural do homem, através do exercício das virtudes, superando a maldade decorrente da má educação ou do ambiente eticamente contaminado.

O confucionismo é uma filosofia de vida, pura e simples, cheia de qualidades e virtudes religiosas e espirituais. Portanto, podemos dizer que é uma religião não religiosa, voltada mais à conduta humana e à ética, que direciona seu foco para pôr ordem na sociedade por meio de **boas atividades.** A filosofia de Confúcio visa a uma organização nacionalista da sociedade, baseando-se no princípio da **simpatia universal**, que se deveria obter por meio da educação. Ela se estende do indivíduo à família, e desta ao Estado – a grande família.

O confucionismo é uma filosofia de vida, pura e simples, cheia de qualidades e virtudes religiosas e espirituais.

Atualmente, essa filosofia é considerada menos agressiva e ainda é difundida no mundo. A ética do confucionismo tornou-se um ponto referencial na China e no Japão. Trata-se de um sistema moral, prático e praticável, sem qualquer sinal de metafísica ou sobrenatural, portanto, pode ser compreendido por todos. Confúcio era venerado como santo, mas hoje, entre os jovens, ele é tido como patrono da extinta monarquia e indigno de figurar entre os apóstolos da revolução comunista.

2.2.2 Taoismo

O taoismo reúne diversas religiões antigas da China e representa os movimentos religiosos unificados em busca de uma única e suprema realidade. Literalmente, Tao é visto como a mais antiga das doutrinas; o mistério além dos mistérios; popularmente traduzido como "o caminho", mas também como "lei, doutrina ou princípio de ordem". Mais tarde, passou a ser conhecido de uma forma universal. Tao, como o caminho, inclui todas as coisas e explica todos os fenômenos, os quais podem ser compreendidos somente através dos símbolos: a água corrente, o ato sexual, os pontos energéticos do corpo[7], ou o vale e a montanhas. Nesses símbolos dinâmicos, um taoista pode encontrar uma profunda comunhão.

Lao-Tsé (século VI a.C.), fundador do taoismo, foi arquivista do governo imperial na dinastia Chu (ou Zhou) e, descontente com a corrupção da corte, abandonou a China, viajou para o Ocidente e escreveu, ao voltar, o *Tao Te Ching* (Livro da Atuação do Princípio Primordial do Universo). Ao contrário de Confúcio, a preocupação fundamental de Lao-Tsé não é com o convívio social, mas com a harmonia do indivíduo com a natureza: o Tao é o "caminho", o princípio do Ser e do Mundo.

Os livros do taoismo

A história do desenvolvimento do taoismo é um tanto peculiar, pois seus princípios profundos são a abertura e a acomodação refletidas em três grandes obras: *Tao Te Ching*; *Chuang Tzu* e *I Ching*. O primeiro livro, com sua rica simbologia e suas alegorias, introduz o *Tao*, o caminho da harmonia. O livro *Chuang Tzu* vai mais adiante, tentando resolver a posição do homem em relação à natureza. O terceiro livro, *I-Ching*, ou *Livro das Mutações*, versa sobre práticas com a lista de possibilidades, mas nunca dando uma instrução definitiva.

---

7 Os pontos energéticos do corpo são comumente conhecidos como *chakras*. A descoberta e o desenvolvimento desses pontos se devem à filosofia indiana, portanto pertencem a religião hindu. Mais tarde, percebeu-se que a China também teria desenvolvido o mesmo pensamento de modo diferente. A filosofia indiana dá ênfase somente ao corpo do ser humano, já os chineses o estendem a todo o conjunto do universo.

Tao Te Ching

O *Tao Te Ching* é um livrinho de apenas 20 ou 25 páginas, dividido em 81 capítulos, atribuído a Lao-Tsé. O taoismo baseia-se nesse livro para elaborar todo o seu conteúdo. Para analisarmos esse escrito devemos esclarecer dois conceitos-chave: *Tao* e *Te*, pois *Ching* significa "livro".

Tao

Tao, o "caminho", é compreendido como "a fonte e a garantia de tudo o que existe, neste ou em qualquer outro universo", ou seja, "não produzido, mas Produtor de tudo o que existe" (Bowker, 1997, p. 88). Ele não é uma divindade pessoal que sempre existiu, inclusive antes do céu e da terra.

Um dos símbolos mais próximos do Tao é o *Tei-gi*, um grande círculo vácuo que representa o Divino ou o Puro Ser. No entanto, esse círculo vazio dá espaço aos relativos – positivo e negativo –, que os chineses mesmos chamam de elementos opostos: *Yin e Yang* – masculino e feminino, céu e terra. Esses elementos opostos amadurecem, na síntese, rumo ao círculo vazio inicial, integrando-se sem se diluir nele. Esse jogo perene acontece entre os opostos e, por sua vez, com o círculo vazio, mantém-se a síntese do cosmos.

O *Tei-Gi* (Figura 2.1) simboliza a quinta essência da filosofia de Lao-Tsé – o alfa e o ômega do Tao e da mentalidade chinesa. Para o Tao, céu e terra são princípios básicos formadores de toda a vida. Na vida do ser humano, o "céu" é o ápice da cabeça, desce pela coluna e se encontra, no ventre, com a energia "terra", que, por sua vez, entra pelo períneo. Do encontro dessas duas energias nascem o ser humano e a possibilidade de vida inteligente.

Figura 2.1 – Tei-Gi

researcher97/Shutterstock

Conforme essa filosofia, a lei dos opostos governa todo o universo. Os opostos existem em tudo: vida e morte, luz e escuridão, bem e mal, positivo e negativo, masculino e feminino, céu e terra. Tudo coexiste como parte de um único sistema. Essa é a maneira como as coisas existem. Se não fosse assim, a vida ou a existência não seria possível. Esse é um ensinamento do sábio Ch'i Po em um diálogo com o Imperador Amarelo, escrito há cerca de 4500 anos, exemplo de que os chineses sempre basearam sua vida no seguinte princípio: **tudo tem seu oposto**. Em suma, em tudo o que existe há uma força positiva e outra negativa.

Lao-Tsé revisitou esse princípio antigo e introduziu o Tao na dinâmica afirmando que o universo é governado por um único princípio: o Tao ou o Grande Ilimitado. Esse princípio divide-se em dois conceitos opostos em suas ações o *yin* e o *yang*. Todo fenômeno pode ser compreendido por tal noção, incluindo:

- o funcionamento da natureza;
- o funcionamento do corpo humano;
- a natureza dos alimentos;
- as qualidades éticas dos seres humanos;
- o progresso do tempo;
- a natureza da transformação histórica.

Dessa forma, *yin e yang* representam todos os opostos que existem no universo.

Assim, o conceito Tao ensina que, quando se insiste em ser *yin*, deve-se aprender o *yang* e vice-versa. De tanto se passar de um lado a outro, se acaba tropeçando no Tao, um terceiro estado que reside entre os dois, um **estado de harmonia**.

Te

O segundo elemento do livro é a palavra *Te*, que pode ser traduzida como "força" ou "virtude". Ela atua como força do *Tao* em toda produção e conservação do mundo, atuando em todos os fenômenos da natureza. No entanto, *Te* não equivale a uma virtude com sentido moral ou ética correta como no Ocidente, mas indica uma virtude inata do mundo com suas propriedades. Na medida em que o adepto taoista busca compreender essas forças inatas, o mundo revela a natureza e a vida do adepto. A verdadeira *Te* é uma força natural e simples, com a qual o ser humano lida em seus negócios práticos, depositando seus desejos e suas aspirações, em sintonia com a ordem natural. Como se fosse uma folha seca colocada no riacho que acompanha a correnteza, o ser humano deve seguir o caminho natural da ordem da natureza. Uma vez construída a barragem no riacho, interrompe-se o caminho natural provocando a desordem das coisas.

Ching

Na antiga língua chinesa, *Ching* é o nome geral de todos os livros clássicos. Esse termo pode designar também alguns livros estranhos à reflexão filosófica chinesa, como *Nei Ching*, o livro mestre da medicina chinesa. O significado do ideograma *Ching* é trauma, regra, norma ou experiência.

> *Tao Te Ching* é o caminho natural para manter a harmonia com a ordem universal.

Dessa forma, podemos resumir que *Tao Te Ching* é o caminho natural para manter a harmonia com a ordem universal. Esse caminho endossa uma versão espiritualizada da imortalidade, vista como emergente; de uma vida harmoniosa e natural, em que se dá pouca importância ao ganho material.

Chuang Tzu

O conteúdo desse livro abrange o universo das relações do ser humano com a natureza: com a água, a montanha, as nuvens etc. Há inúmeras historinhas que apresentam as relações naturais que levam à tranquilidade. Por exemplo, um ancião foi visto pelos discípulos de Confúcio nadando em uma correnteza muito forte e de repente desapareceu. Os homens tentaram resgatá-lo, mas o ancião voltou às beiras sem ser ajudado por ninguém. Quando perguntado sobre como conseguiu fazer aquilo, o ancião respondeu: "Eu simplesmente me deixei conduzir pela correnteza do rio". Essa obra indica que o verdadeiro adepto taoista molda seus sentidos, seu corpo e sua mente até que se unam inteiramente ao fluxo (correnteza) do universo.

I-Ching, o Livro das Mutações

Entre os três textos, o Livro das Mutações aproxima-se mais do taoísmo. Ele é como um manual do taoísmo e é um dos livros mais conhecidos no Ocidente. Consiste em compilação dos aspectos divinatórios, baseados em rituais antigos. "A arte divinatória é fundamental para vida chinesa tradicional; é um modo de estabelecer a aprovação do Céu, ou de prever a ruptura da ordem humana e natural" (Bowker, 1997, p. 90).

Sua origem está rodeada de mistérios. Ele é considerado um livro antigo, mas não há menções a ele nem no Lao-Tsé nem no Chuang Tzu. É mais provável que tenha surgido como tradição oral, transmitida como sabedoria folclórica. Esse texto difere dos outros em relação à percepção de passado, presente e futuro, como uma entidade dinâmica, fluida e em mutação. Portanto, ele não pode passar instruções ou basear-se em regras. O livro apresenta as permutações dos elementos opostos *yin e yang*. As forças são trabalhadas em 64 hexagramas (Figura 2.2), cada um composto de dois triagramas feitos de linhas quebráveis *yin* e linhas inquebráveis *yang*.

Figura 2.2 – Os 64 hexagramas do I Ching

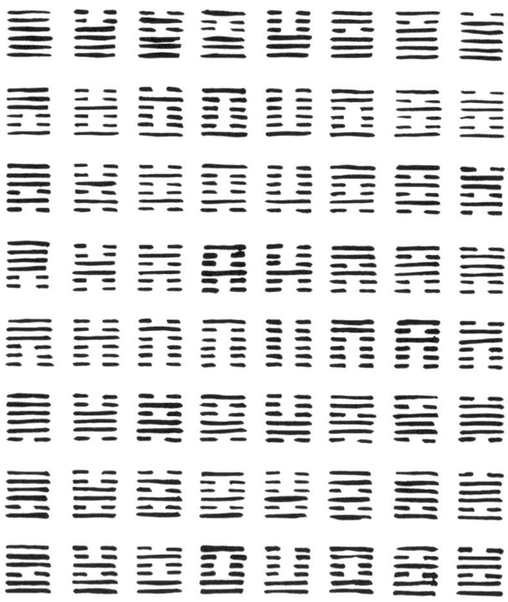

Tabuda Y/Shutterstock

Os dois germes – a esfera branca na parte preta e a esfera preta na parte branca – enfatizam que nada jamais é completamente branco ou completamente preto. Isso, mais importante, evidencia que cada qual contém em si a sua contraparte. O propósito dessa composição é mostrar que tudo sempre se constitui de uma mistura mutante de *yin* e *yang*. Em mutação, percebemos que o que agora é preto vai clareando até tornar-se branco, para recomeçar, de imediato, a escurecer, enquanto o que é branco seguirá um movimento de acompanhamento, como em um concerto. Isso produzirá uma mutação, uma completa reviravolta da figura, atraindo para si mesma o movimento complementar, como um coração que se expande após ter sido comprimido. Observa-se esse movimento dinâmico no poema 42 de *Tao Te Ching:* "O *Tao* gera o uno; o uno gera o duplo; o duplo gera o triplo, o triplo gera as dez mil coisas. As dez mil coisas carregam o *yin* nas costas e o *yang* na frente e harmonizam-se no encontro dos dois" (Ferreira, 2001, p. 18)

O taoismo aponta para uma vida equilibrada com base em uma relação amigável com a natureza. Toda a natureza é um sistema de energia, algo dinâmico no qual se encontra nosso corpo e nossa mente, onde acontece o dar e o receber ou o fluir constante da energia vital. A princípio, no interior dessa estreita relação entre corpo, mente e meio ambiente desenvolveram-se várias terapias psicofísicas e artes marciais da tradição chinesa. O taoismo não afirma ser uma religião, pois não visa ao relacionamento do homem com Deus, mas à adaptação do homem ao ritmo da natureza. O Tao, o princípio herdado das tradições antigas, considerado um princípio absoluto, é mais passivo que ativo e deve levar o homem à tranquilidade e à serenidade, à ausência de tensão interior e não ao ativismo.

Síntese

É interessante notar nas religiões da terra fértil que as tradições se encontram voltadas fortemente à natureza. A vida é organizada com base na visão circular, em que existe um eterno retorno. Tanto as tradições indianas como as chinesas lidam com o bem-estar do ser humano, tomando o divino como imanente, que se faz presente em todos os seres viventes. Com essa visão, as religiões orientais insistem que o ser humano, ao praticar técnicas individualistas, busque o seu retorno ao divino, sem esperar um ser superior para libertá-lo.

Na abordagem panorâmica das tradições orientais que aqui empreendemos, notamos que o fundamento de suas cosmovisões e de seus conteúdos está na geografia da terra fértil, onde tudo é circular. As tradições indianas que comentamos nos indicam o caminho da mística e assumem a dimensão da libertação; a ideia é de que, preservando boas relações, tanto consigo como com os outros e com a natureza, o indivíduo descobre a verdadeira natureza do divino e do humano. As tradições chinesas, por sua vez, preocupam-se com os códigos de ética, que sustentam e norteiam a vida, e mostram a lei dos opostos que governa o universo.

Indicações culturais

MANIKA: a menina que nasceu duas vezes. Direção: François Villiers. EUA, 1990. 90 min.

Esse filme aborda o tema da reencarnação. O nascimento de uma menina chamada Manika em um vilarejo de pescadores no sul da Índia começa a desafiar a dimensão da fé cristã da ressurreição. O Padre Daniel, um irlandês recém-chegado como missionário, consegue acompanhar a menina até descobrir sua vida anterior.

Nessa obra, é importante observar a construção do tema da reencarnação nos diálogos, e também os temas menores como o sistema das castas e a teoria do carma.

Atividades de autoavaliação

1. As principais tradições religiosas originárias da Índia são:
   a) hinduísmo, jainismo e budismo.
   b) hinduísmo, islamismo e candomblé.
   c) budismo, taoismo e xintoísmo.
   d) confucionismo e xintoísmo.
   e) jainismo e siquismo.

2. Sobre o fundador do hinduísmo é correto afirmar:
   a) Seu nome é Deus Brahma.
   b) O hinduísmo não tem um fundador definido, portanto, ele é chamado de *Santana dharma* ou *Religião Eterna*.
   c) O hinduísmo não tem um único fundador, pois se considera que foi fundado por um grupo chamado *brâmanes*.
   d) O hinduísmo foi fundado pelas pessoas que queriam se manter longe da violência.
   e) Sidharta Gautama é o fundador do hinduísmo.

3. Identifique a(s) realidade(s) que impulsionou(aram) Sidharta a deixar o palácio definitivamente.
   a) A velhice, a doença e a morte levaram Sidharta a deixar tudo e assumir a vida de um eremita.
   b) O apego à família levou Sidharta a assumir a vida de um eremita.
   c) Sidharta nunca precisou sair do palácio e permaneceu dentro dele até o fim de sua vida.

d) A velhice foi a única realidade que impulsionou Sidharta a deixar o palácio definitivamente.
e) Sidharta foi tomado pela tristeza causada pela morte de sua esposa. Por isso, abandonou a vida no palácio.

4. Sobre o confucionismo, assinale a alternativa correta:
   a) Fundado por Confúcio, o confucionismo segue a ética e os ritos e busca criar e praticar a ordem e a harmonia na sociedade.
   b) Fundado por Lao-Tsé, não segue nenhuma ética e ritos de passagem.
   c) Fundado pelo Buda, segue somente a doutrina do meio a partir da elaboração de quatro verdades nobres.
   d) Fundado por Mêncio, segue a ética e os ritos de passagem e busca criar e praticar a ordem e a harmonia na sociedade.
   e) Fundado por Confúcio, prega a não violência e a castidade.

5. Segundo o taoísmo, todos os fenômenos podem ser compreendidos através dos princípios *yin* e *yang*, incluindo:
   I. o funcionamento da natureza, o funcionamento do corpo humano, a natureza dos alimentos.
   II. as qualidades dos seres humanos, as qualidades dos animais e também dos inanimados.
   III. as qualidades éticas dos seres humanos, o progresso do tempo e a natureza da transformação histórica.
   IV. o funcionamento da natureza, o funcionamento do corpo humano, a meditação de não agir e a natureza dos alimentos.

   Está correto apenas o que se afirma em:
   a) I e II.
   b) I e III.
   c) II e III.
   d) III e IV.
   e) I e IV.

Atividades de aprendizagem

Questões para reflexão

A teologia também deve apresentar suas preocupações em relação ao bem-estar do ser humano e sua relação com a natureza. A Organização das Nações Unidas (ONU) apresentou preocupação com o cuidado da natureza. A Conferência Nacional dos Bispos do Brasil (CNBB), em sua Campanha da Fraternidade, trabalhou em 2017 o tema bioma, ou seja, a proteção da Casa Comum que é o nosso planeta.

A partir da leitura dos dois textos a seguir, elabore uma carta a um governante de sua escolha e manifeste sua preocupação com a natureza em geral e o bem-estar do ser humano em particular.

Texto 1

Yin e yang

As forças opostas da natureza

O clima celestial circula dentro dos pulmões; o clima terrestre circula dentro da garganta, o vento circula dentro do fígado, a trovoada circula no coração; o ar de um desfiladeiro penetra no estômago e a chuva penetra nos rins. As seis artérias geram rios, os intestinos e o estômago geram oceanos, os nove orifícios geram a água corrente, o céu e a terra, o Yin e o Yang.

(Ensinamento do sábio Ch'i Po num diálogo com o Imperador Amarelo)

Texto 2

Para a cultura ocidental, os ensinamentos chineses podem parecer estranhos. Acontece que os sábios da China sempre estiveram mais ligados às forças da natureza. Os orientais observavam melhor o vento, a chuva, o frio o calor, enfim, todas as forças da natureza, que influenciam as pessoas. Nos tempos antigos, a vida era sem máquinas e sem indústrias, estava bem mais ligada às forças naturais. Os sábios chineses puderam perceber como a chuva, o vento, a terra e todos os elementos da natureza se relacionavam com o ser humano.

Hoje em dia, apesar de a humanidade conviver menos com a natureza, não se deve desprezar seu poder. O desequilíbrio entre *yin* e *yang* explica ainda mais as doenças e angústias. Manter o equilíbrio entre as forças vitais talvez seja o desafio maior que a China Antiga nos apresenta. As forças vitais *yin* e *yang* existem em tudo, e é preciso saber lidar com elas para viver bem.

1. Como você pode preservar o contato com a natureza na contemporaneidade?
2. Quais elementos criam obstáculos para manter o equilíbrio em nós?

Atividades aplicadas: prática

1. Reflita sobre sua vida como se compusesse uma história em quadrinhos. Para isso, faça uma caminhada silenciosa na natureza. Preferivelmente, escolha uma cachoeira onde poderá observar a proposta do taoismo do "eterno fluir das coisas".

2. Em um lugar com caráter religioso – um templo ou uma igreja –, reflita sobre sua relação com a natureza na vida cotidiana. Depois, partilhe essa experiência com colegas e promova, assim, a universalidade da experiência religiosa.

3
Tradições do deserto: as herdeiras de Abraão

As tradições abraâmicas são aquelas que reconhecem Abraão como figura de suas origens. Essas tradições nasceram na região desértica do Oriente Médio, e seu conteúdo inicial foi desenvolvido naquela região. Logo em seguida, devido aos contextos históricos, elas migraram tanto para o Ocidente como para o Oriente, buscando novos adeptos.

O Antigo Testamento registra alguns elementos dessas origens. A tradição judaica tem um marco em Isaac, filho mais novo de Abraão; já a tradição muçulmana afirma que suas raízes se encontram em Ismael, filho primogênito de Abraão com Agar. O cristianismo acompanha a herança dos judeus até a chegada de Jesus, que rompe com a tradição judaica, assim criando uma nova tradição.

Para além dos pontos semelhantes e ao mesmo tempo divergentes, há uma continuidade entre essas três tradições. Podemos notar um fio condutor, sendo o judaísmo visto como a religião da promessa; o cristianismo, como cumprimento da promessa, e o islamismo como resgate da promessa. Neste capítulo, abordaremos de uma forma sucinta essas três tradições.

3.1 Judaísmo

O judaísmo é uma tradição que reconhece um povo, uma terra e um Deus. Originalmente, os judeus eram chamados *yehude*, que significa "judaíta" (do país de Judá), "aquele que rende graças a Deus". Os judeus se sentem herdeiros de uma terra, escolhida por Deus, e são descendentes do povo hebreu.

Acredita-se que os hebreus são descendentes de Heber, antepassado de Abraão. Eram chamados *habiru* ou, segundo a raiz aramaica, *ivri*, isto é, "os do outro lado do deserto" (arábico-sírio), região normalmente entendida como uma extensa área do Mediterrâneo oriental e que engloba a maior parte dos países atuais: Israel, Jordânia e Síria. A dinâmica da vida desse povo se concentrava no trabalho com o rebanho; portanto, eram pastores e nômades, vagavam sob a condução de seus patriarcas, da Caldeia ao Egito, no lado sul do Rio Eufrates passando pela Palestina. No tempo dos patriarcas – Abraão, Isaac e Jacó –, a região situava-se entre os grandes centros da civilização do Oriente Médio.

3.1.1 Origem

O nome Abraão foi encontrado em tabuínas que datam de 2500 a.C., sendo tão antigas quanto os hindus e chineses. Isso sugere que o povo judeu teria se formado na Mesopotâmia, em torno de Ur, então colônia da Síria. Abraão (ca. 1900 a.C.), segundo a fé judaica, recebeu um chamado divino para deixar sua parentela e sua terra natal Ur, na Caldeia.

Nessa fase, construiu-se a ideia do monoteísmo, passando a haver uma relação íntima com esse Deus, que promoveu a identidade judaica em período posterior. Esta está baseada na crença de que Deus chamou

Abraão, obrigando-o a deixar sua terra e prometendo uma terra muito mais apta para viver, como foi dito na Bíblia, onde "corre leite e mel" (Ex 33,3).

3.1.2 História

A história do judaísmo, muitas vezes trágica, não impediu os judeus de permanecerem fiéis à religião de seus antepassados, pois sempre estiveram convictos de que o judaísmo é fruto da árvore religiosa plantada por Abraão e Moisés, na Palestina, entre 1900 e 1300 a.C. Os judeus procuravam permanecer vinculados às suas origens. Sua história está situada, geograficamente, ao menos nos primórdios, no Oriente Médio, região entre a Ásia e a África. Mais precisamente, passou-se no deserto, no vaivém entre o vale do Nilo, do Jordão, do Eufrates e do Tigre.

A família de Abraão, que seguiu a rota dos rebanhos, andava como nômade pela Mesopotâmia do norte e pela Síria, chegando até a Palestina, em 1850 a.C. Essas montanhas e estepes eram povoados por habitantes sedentários, e seu país tinha o nome de Canaã. Os descendentes de Abraão fincaram suas tendas naquela zona, no vale de Siquém e, vendendo aos locais os produtos derivados de seus rebanhos, como a lã, adquiriram os campos.

Por volta de 1700 a.C., castigados pela miséria e atraídos pela fama dos ricos e acolhedores hicsos, partiram ao Egito liderados por José. No entanto, devido à eventual supremacia dos tebanos, que expulsaram os hicsos por volta de 1680 a.C., iniciou-se um novo período de perseguição dos hebreus, levando-os ao trabalho duro na construção das pirâmides.

Um deles, do clã sacerdotal de Levi, chamado Moisés, que significa "aquele que vem das águas", cresceu no palácio do Faraó e desenvolveu habilidades específicas de liderança. Em decorrência do assassinato de um soldado egípcio, precisou fugir ao deserto de Madiã, onde se casou com a filha de Jetro, o líder beduíno, e organizou seu pequeno grupo de fugitivos que se encontravam no deserto[1].

Certo dia, Moisés foi além do Sinai com o rebanho de seu sogro, onde, conta-se, teve uma visão: o Deus de Abraão, de Isaac e de Jacó revelou seu nome: YHWH – Aquele que foi, que é, que será e que faz ser, porque ele é. Após as dez pragas, o Faraó Ramsés deixou Moisés levar os hebreus (600 mil deles). Atravessaram o mar Vermelho e em três meses chegaram ao deserto do Sinai. Lá, Moisés foi chamado por Deus para a montanha, onde recebeu suas prescrições, chamadas de *Decálogo* ou *Código de Aliança*.

3.1.3 Sagrada Escritura

Embora não tenha credos específicos, as Escrituras Sagradas, leis, profecias e tradições judaicas refletem 3.500 anos de vida espiritual. O texto religioso básico é a Torá, também nomeada de *Pentateuco*, que abrange os cinco primeiros livros da Bíblia (atentemos para o fato de que as Escrituras judaicas são, aos olhos dos cristãos, profecias para as Escrituras cristãs e, por isso, os cristãos referem-se a elas como *Antigo Testamento*). Outra obra importante é o Talmude, uma coleção de leis que inclui o *Mixná* (compilação em hebraico das leis orais) e o Guemará (comentários dessas leis, em aramaico, feitos pelos rabinos).

1 A realidade da escravidão tem diversas dimensões. Sabemos que boa parte das civilizações manteve a escravidão por finalidades de mão de obra mais barata, sendo que nenhum escravo era considerado cidadão. Muitas vezes o número de escravos era cinco ou seis vezes maior do que o de cidadãos comuns, e assim a sociedade corria risco de eventual rebelião por parte dos escravos. O Egito, no tempo de Moisés, parece ter passado por essa realidade, que promoveu a saída dos hebreus em direção à Palestina.

3.1.4 Doutrina

Com a revelação de Deus a Moisés (ca. 1300 a.C.) no Monte Sinai, quando lhe entregou as Tábuas da Lei (10 Mandamentos) e lhe mostrou como deveria ser o culto sacrificial, a fé do povo de Israel estava assentada. Deus estabeleceu um pacto com Israel, que se concluiu parcialmente com a entrega da Torá. Com esse gesto, Deus indicou ao povo judeu o meio concreto para lhe ser fiel e aquilo que Ele deseja de seu povo. No entanto, a eleição de Israel e a doação da Torá estiveram sempre ligadas à posse da terra. A condição para tal posse é a fidelidade à Torá. A Lei Mosaica se resume nos Dez Mandamentos:

1. Não ter outros deuses além de Deus (Amar a Deus sobre todas as coisas, não fabricando ídolos, nem a eles devotando culto).
2. Não pronunciar o Santo Nome de Deus em vão (As quatro consoantes hebraicas do nome divino, YHWH, nome entregue por Deus a Moisés, não eram pronunciadas pelos judeus, em sinal de respeito; utilizavam o termo Adonai (Senhor)).
3. Guardar o dia de Sábado para santificá-lo (é o Shabath, dia sagrado judaico, de descanso e oração).
4. Honrar pai e mãe.
5. Não matar.
6. Não cometer adultério.
7. Não roubar.
8. Não levantar falso testemunho.
9. Não desejar a mulher do próximo.
10. Não cobiçar as coisas alheias. (Ex 20,2-17; Deut 5,6-21).

3.1.5 Crença judaica

A fé dos judeus foi construída na tríplice crença: existe um Deus, existe um povo e existe uma aliança. O Deus da fé judaica é um Deus que falou a Israel por intermédio de seus profetas. É o Deus Único que, além de ser transcendente, onipotente e justo, e de se revelar à humanidade, é também imanente, sendo parte ativa na história e nos fatos da humanidade. Essa doutrina está ligada à concepção da fraternidade entre os homens, e o conhecimento religioso é considerado inseparável da injunção ética de "praticar a justiça, amar a misericórdia e caminhar humildemente no caminho de Deus". O elaborado sistema de leis rituais do judaísmo, bem como as estritas normas alimentares – todos eles originados de preceitos higiênicos e pragmáticos – conferem um significado sagrado a todos os aspectos da vida cotidiana. Os judeus observam o sabá, que se inicia com o pôr do sol de sexta-feira e se encerra com o pôr do sol de sábado, e o celebram com orações e leituras na sinagoga, lugar do culto.

O Shemá – a crença central do judaísmo expressada na Bíblia hebraica – é a unidade de Deus, que é eterno, onipresente e conhece tudo. O estudo deve ser feito em Deuteronômio (6,4-9), e se caracteriza como uma oração histórica. *Shemá* quer dizer "ouvir". O ensinamento do Shema sobre a unidade absoluta de Deus é uma declaração contra a adoração de deuses pagãos. Ao longo de toda a história, Israel, com essa oração, rejeitou a adoração dos demônios da Babilônia, a adoração dos animais do Egito e a adoração dos imperadores romanos como deuses e outras adorações, incluindo os sacrifícios humanos.

O Shemá é a primeira oração que uma criança aprende e são as últimas palavras ditas pelos judeus antes de partir do mundo. Antes de dormir, cada judeu recita essa oração. Muitos mártires recitaram essa oração, ao deixarem suas vidas para a santificação do nome de Deus. O Shemá é recitado no culto do templo de cada dia e é a mais significativa oração da manhã e da noite, na sinagoga e em casa.

3.1.6 Símbolos da religião judaica

A religião judaica carrega inúmeros símbolos incorporados após experiências reais e históricas. O judaísmo sobreviveu até hoje por causa de sua filosofia monoteísta e de sua crença de que são o povo escolhido por Deus. Dois símbolos assumem importância, tanto na construção da fé como na identidade. São eles: a menorá e a estrela de Davi.

Menorá

É o candelabro sagrado de sete velas (Figura 3.1) e é o mais típico e importante símbolo do judaísmo, a religião dos hebreus ou judeus. A menorá é a representação da criação do mundo por Deus. De acordo com o Gênesis, no Antigo Testamento, Deus criou o mundo em seis dias e descansou no sétimo. A luz da vela no centro indica o sabá (último dia de semana, um dia sagrado e de descanso). Os sete braços da menorá podem também representar os sete firmamentos criados por Deus. Esse candelabro é alocado na área mais ocidental e sagrada do santuário. Todo templo judaico contém uma ou mais menorás no altar. Para os judeus, a menorá, com seus sete braços dourados e suas velas flamejantes, significa o imortal e inexaurível espírito do judaísmo.

Figura 3.1 – Menorá

BrAt82/Shutterstock

O primeiro templo judaico construído pelo Rei Salomão (983 a.C.) continha dez menorás de ouro, e o segundo (516 a.C.) continha apenas uma. As luzes das velas simbolizam a presença de Deus ou a Shekhinah, dentro do templo. Acredita-se que a luz no templo original nunca se apagou, até que Shekhinah, de acordo com sua vontade, se retirou, antecipando sua destruição. As menorás utilizadas nos templos judaicos modernos possuem menos ou mais braços, pois os judeus sentiram que não deveriam duplicar a menorá original. Apenas os templos reformistas do judaísmo moderno utilizam livremente a menorá de sete velas.

Existe também outra interpretação que indica que a menorá servia como tabernáculo no deserto; e parece ter sido inventada pelo artesão Bezelel. Ela formada por sete lâmpadas ao todo, uma central e três de cada lado, sendo que cada uma das sete tinha uma tigela de óleo que os sacerdotes usavam. O óleo era simbolicamente a Torá, a luz era a Shekhinah (presença divina) e o pavio era Israel. Também os israelitas acreditavam que era símbolo de sete céus. O historiador Josephus afirmou que as sete lâmpadas eram como sete planetas que estavam iluminados pela luz de Deus.

Estrela de Davi ou *Magen David*

Introduzida no início do século XX pelo sionista Rosenzweig, a Estrela de Davi tornou-se a identidade nacional judaica. É uma estrela de seis pontas, as quais representam as seis tribos de Israel (Figura 3.2). Os judeus da diáspora conseguiram pela primeira vez no século XIV, em Praga, afirmar sua identidade judaica, usando o escudo de Rei Davi como representação oficial da comunidade. O escudo de Davi, nada mais do que a estrela de seis pontas, chamada *Magen David*, veio a ser usado tanto em sinagogas como no selo oficial da comunidade. Posteriormente também foi usado em livros impressos.

Figura 3.2 – Estrela de Davi

Standard Studio/Shutterstock

A universalização do símbolo *Magen David* resgatou a identidade do povo escolhido, criando um desejo entre os judeus espalhados no mundo todo de retornar a Israel, a terra dada por Deus a Abraão e seus descendentes. Nos anos posteriores no processo da difusão, o símbolo se tornou propriedade específica das comunidades judaicas e um emblema tanto na Europa como no Oriente Médio. As sinagogas exibiam a estrela de Davi nas construções, especialmente em suas fachadas. A crença é de que, conforme um dos grandes rabinos do século XX, o Rabi Moshe Feinstein, como o Rei Davi usava o símbolo para que o Todo-poderoso o protegesse nas batalhas, se fosse usado nas sinagogas, Ele protegeria a comunidade judaica.

Na criação do Estado de Israel, a menorá se tornou o emblema espiritual do novo Estado judaico, enquanto a estrela de Davi, embutida na bandeira, se tornou a identidade nacional. Atualmente, a estrela de Davi é um símbolo da nação independente, e também de um lar nacional para todo e qualquer judeu.

3.1.7 Festas judaicas

Entre as grandes festas judaicas estão o *Pessach* (Páscoa), o *Shavuot* (Festa das colheitas), o *Sukkot* (Festa das Tendas), o *Rosh Hashaná* (Ano Novo) e o *Yom Kippur* (Dia do Perdão).

As três festas de peregrinação

As três festas judaicas se encontram intimamente contempladas pela história do povo, por exemplo, a *Pessach* é festa dos ázimos e remete ao povo que se encontra longe da escravidão, finalmente livre, mas ainda sem terra. *Shavuot* é a festa das semanas, que acontece sete semanas após o *Pessach*, no qual é celebrada a entrega da Lei. Finalmente, o *Sukkot* remete ao povo que vivia ainda nas cabanas e passa pelo processo de amadurecimento, para ter a posse da terra. Hoje, eles constroem tendas com o teto coberto de grandes folhas com abertura para ver o céu, para não esquecer a presença de Deus.

As três festas judaicas têm uma relação íntima com a história nacional e, ao mesmo tempo, com o contexto da agricultura. No caso dessas três festas, elas contemplam o fio comum da história, um período mais importante da vida do judeu: *Pessach* se refere ao religioso, *Shavout* se refere ao nacional, por fim *Sukkot*, às estações agrícolas – primavera, verão e outono, consequentemente a colheita. Os frutos da terra são considerados bondade divina, resultado também do trabalho humano. Portanto, nessas festas era obrigatório ao judeu ir ao Templo em Jerusalém e oferecer a Deus os primeiros frutos da colheita.

Rosh Hashaná

A festa Rosh Hashaná é a primeira do ano e é celebrada no outono. Contempla a celebração do ano judaico. De modo geral, acredita-se que nesse dia houve o início da criação do mundo, portanto, o judeu é convidado a deixar o pecado e retornar a Deus. Alguns símbolos importantes devem ser observados. Por exemplo, na sinagoga, prevalece a cor branca, símbolo de penitência e pureza. O processo de arrependimento é incitado com o toque do *shofar* (chifre de carneiro) repetidas vezes. A princípio, nesse dia, Deus julga as ações cometidas por todas as criaturas no ano que passou. Ele julga e decide, por conseguinte, seu destino para o ano que virá. No entanto, o interessante é que, se o fiel fizer a penitência nos primeiros dez dias do ano novo, a festa de Yom Kippur, ele pode modificar a sentença de Deus devido ao arrependimento.

Yom Kippur

O Yom Kippur, ou Festa da Expiação, é celebrada dez dias após o ano novo. A festa apresenta algumas práticas, como a liturgia da sinagoga, e a princípio dura o dia todo. A confissão dos pecados, as súplicas elaboradas para obter a misericórdia de Deus e a narrativa poética dos ritos são celebradas pelo Sumo Sacerdote. Há, ainda, a prática de jejum rigoroso por 25 horas observado para obter os benefícios de Deus.

No judaísmo existem também as festas menores, a *Hanukkah*, a Festa das Luzes ou da Dedicação, é celebrada em dezembro e que recorda a purificação do Templo de Jerusalém, depois da vitória dos macabeus, antes da dominação dos romanos. E o Purim, a Festa das Sortes, é celebrado em fevereiro e março e traz a memória da salvação do povo judeu, que por certo período ficou sob o domínio persa, afetado por um édito emitido pelo rei em homenagem a Esther Mardoqueu.

3.2 Cristianismo

O cristianismo nasceu do rompimento com a tradição judaica. De certo modo, foi uma reforma iniciada por Jesus com a mudança das antigas práticas dos rituais. O rompimento teve início com a vida, o ministério, a morte e a ressurreição de Jesus de Nazaré, um judeu que, para os cristãos, é o Filho de Deus.

O primeiro cristianismo, conhecido como *Movimento de Jesus*, era formado por judeus palestinenses, ainda ligados ao Templo de Jerusalém e às tradições judaicas. Com a expulsão dos cristãos helenistas de Jerusalém, desencadeou-se a missão itinerante. A passagem da língua aramaica para a língua grega e o apostolado de Paulo contribuíram para a formação do cristianismo helenista, o qual logo tomou forma e consistência, graças ao desenvolvimento de uma teologia bem-formada e fundamentada no pensamento grego.

O fundamental do cristianismo é o fato de Jesus ser um dado histórico. Por esse motivo, para entendermos o personagem Jesus, é necessário compreender seu contexto, a Palestina de seu tempo.

3.2.1 Situação geográfica da Palestina

A região Palestina tem o tamanho do estado de Sergipe. É cercada, de um lado, pelo Rio Jordão e, de outro, pelo Mar Mediterrâneo. Toda a Palestina é uma pequena faixa de terra com área de 20 mil quilômetros quadrados, com 240 quilômetros de comprimento e máximo de 85 quilômetros de largura, e tem Jerusalém como capital graças à importância do templo e também por ser um corredor de comércio. Podemos dividir toda a região em duas partes, sendo que as terras mais propícias para cultivo se encontram na parte norte, na região da

Galileia e no vale do Rio Jordão, as quais recebem chuvas esporádicas. A região da Judeia é montanhosa, assim se prestava mais para o pasto de rebanhos e o cultivo de oliveiras.

A cidade de Jerusalém, que na época de Jesus contava com cerca de 50 mil habitantes, está situada no extremo de um planalto, 760 metros acima do nível do Mar Mediterrâneo. No período de grandes festas, em razão do fluxo do povo do interior, chegava a receber 180 mil peregrinos.

A situação política

Como era uma colônia dos romanos, o poder político efetivo sobre a Palestina estava nas mãos desse povo. No entanto, em geral, os romanos respeitavam a autonomia interna das suas colônias. A Judeia e a Samaria eram governadas por um procurador romano, mas o Sumo Sacerdote tinha poder de gerir as questões internas, aplicando a lei judaica. Contudo, a questão irônica é que ele era nomeado pelo procurador romano.

A cidade de Jerusalém e o Templo eram o centro do poder político interno da Judeia e da Samaria. O Templo era governado pelo Sumo Sacerdote, que era assessorado por um sinédrio (assembleia judia de anciões) de 71 membros, composto de sacerdotes, anciãos e escribas ou doutores da Lei. O sinédrio era o tribunal supremo (criminal, político e religioso) e sua influência se estendia sobre todos os judeus da região.

Nas cidades também existia um pequeno aparato político (conselhos locais), dominado, de início, pelos grandes proprietários de terras e, mais tarde, pelos escribas ou doutores da Lei. Da mesma forma, nos povoados, encontrava-se um conselho de anciãos, que se reunia tanto para decidir questões comunitárias, como para casos de litígio, ou transgressão da Lei, funcionando como tribunal. No campo, quanto às relações familiares, o pai da família era a autoridade permanente.

A situação econômica

A atividade econômica no tempo de Jesus era sustentada por quatro áreas distintas: a agricultura, a pecuária, a pesca e o artesanato.

A agricultura era desenvolvida principalmente na fértil região da Galileia, com cultivo de trigo, cevada, legumes, hortaliças, frutas (figo e uvas) e oliveiras. A região de Jericó era propícia para os bálsamos, a partir dos quais se preparavam os perfumes. A pecuária efetuava-se principalmente na Judeia, com a criação de camelos, vacas, ovelhas e cabras. A pesca era intensamente desenvolvida no Mar Mediterrâneo, no Lago de Genesaré e no Rio Jordão. Por fim, o artesanato desenvolveu-se nas aldeias e nas cidades, principalmente em Jerusalém. Os ramos principais do artesanato eram a cerâmica, o trabalho em couro, o trabalho em madeira, a fiação e a tecelagem.

O comércio era a atividade principal para a circulação de toda mercadoria produzida, tanto na agricultura como no artesanato. A cidade de Jerusalém era considerada o corredor do comércio, pois toda a atividade comercial acontecia ali. Os grandes proprietários de terras controlavam o comércio, enquanto nos povoados o comércio era reduzido ao sistema de troca.

A situação religiosa

No campo religioso, o Templo e a sinagoga eram centro de toda atividade. O Templo era o centro de Israel; era o lugar de encontro de todos os judeus e onde eles se reuniam para prestar culto a Deus. Os judeus acreditavam que no Templo habitava o Deus único, santo, puro, separado, perfeito. Por natureza, os seres humanos e as coisas eram vistos como profanos, impuros, banais, imperfeitos. A purificação ou conversão do ser humano podia acontecer na aproximação com Deus. Segundo essa percepção, portanto, o homem se tornaria mais puro quanto mais perto estivesse de Deus; quanto mais distante, mais impuro.

O Templo era o centro de toda a vida de Israel, sendo o lugar de culto e também de comércio. Na ocasião de grandes festas, o povo o frequentava para oferecer sacrifícios. No dia a dia, nitidamente podemos observar que a vida religiosa dos judeus era constituída pelas sinagogas nas pequenas aldeias.

A sinagoga era o lugar da oração e também onde o povo se encontrava para ouvir a Palavra de Deus e para a pregação. Nesse sentido, a sinagoga pertencia à comunidade, servindo também para outras atividades, como escola para jovens e crianças, nos povoados pequenos. Nos centros maiores, as sinagogas desenvolviam outras atividades, assim as salas de aula ficavam ao lado da sala de reunião. Em Jerusalém, algumas sinagogas tinham até hospedaria e instalações sanitárias para os peregrinos.

3.2.2 Grupos político-religiosos

Na época de Jesus, existiam diversos grupos dominantes, tanto religiosos como políticos, que buscavam seus próprios interesses, mas, ao mesmo tempo, a libertação do regime opressivo dos romanos. Apresentaremos alguns desses grupos.

Doutores da Lei (escribas)

Em virtude de seu vasto conhecimento e outros saberes, o grupo dos doutores da Lei adquiriram maior prestígio na sociedade no tempo de Jesus. Com efeito, eles eram os intérpretes preparados das Escrituras, especialistas em direito, administração e educação. O grupo mais influente na época exercia sua autoridade principalmente em três lugares: no sinédrio, onde aplicavam as leis governamentais como juristas; na sinagoga, onde exerciam o papel de intérpretes das Sagradas Escrituras e também criavam a tradição através da releitura e da aplicação da lei; e na escola, onde tentavam fazer novos discípulos.

Zelotas

Os zelotas eram um grupo de pequenos camponeses – talvez a camada mais pobre da sociedade. Parece terem se constituído a partir dos fariseus, massacrados por um sistema fiscal impiedoso. Eram muito religiosos e nacionalistas e sempre desejaram expulsar os colonizadores romanos. Eles não se afinaram também ao governo de Herodes na Galileia. Queriam restaurar um Estado onde Deus fosse o único rei, representado por um descendente de Davi apontando para o messianismo. Nesse sentido, os zelotas eram reformistas, isto é, pretendiam restabelecer uma situação passada conforme a época de Rei Davi. Enquanto os fariseus mantinham uma atitude de resistência passiva, os zelotas estavam dispostos à luta armada. Por isso, eram considerados criminosos e terroristas pelas autoridades, sendo perseguidos pelo poder romano.

Essênios

Os essênios, um grupo bastante austero em relação ao estilo de vida, viviam em comunidades de espiritualidade apocalíptica e com a pretensão de serem autenticamente o povo de Deus. Mantinham características hierárquicas e sacerdotais com legalismo rigoroso até o ponto de chegar a uma ruptura radical com o judaísmo oficial. O grupo vivia o ideal monástico nas regiões de cavernas distantes da capital, Jerusalém. Levavam vida em comum, em que os bens eram divididos em benefício de todos, com a obrigação de trabalhar para sobreviver. O comércio era proibido, estavam distante da violência e nenhum tipo de sacrifício era praticado. As comunidades religiosas monásticas da tradição cristã devem a essas comunidades principalmente sua organização estrutural e sua rigidez na admissão de seus membros. Sua crença estava na espera de um messias chamado *Mestre da Justiça*, que estabeleceria a ordem no mundo com o conceito do reino eterno dos justos.

Saduceus

Os saduceus eram fazendeiros com propriedades na região da Galileia provenientes da classe sacerdotal. Eles tinham o poder de administrar o sinédrio, o tribunal local da justiça. Foram os maiores colaboradores do Império Romano e implantaram uma política de conciliação, com medo de perder seus cargos e privilégios. Quanto à religião, eram conservadores: aceitavam apenas a lei escrita e rejeitavam as novas concepções defendidas pelos doutores da Lei e fariseus (crença nos anjos, demônios, messianismo, ressurreição).

Fariseus

O grupo dos fariseus recebeu duras críticas de Jesus. Eles eram aliados da elite sacerdotal, eram nacionalistas e também hostis ao Império Romano. A palavra *fariseu* significa "separado do povo". Eles pertenciam a todas as camadas da sociedade: artesãos, comerciantes e agricultores. Os fariseus buscavam uma forma rigorosa de cumprir a Lei. Eram conservadores e criadores de novas tradições através das interpretações. Eles acreditavam na predestinação, na ressurreição e no messianismo, e esperavam um messias político-espiritual que libertasse Israel.

Herodianos

Os funcionários de Herodes eram chamados de *herodianos* e sempre foram dependentes dos romanos. Eram conservadores e tinham o poder civil da Galileia em suas mãos. Qualquer agitação na sociedade era subjugada por eles, sendo, portanto, contrários aos zelotas. Parecem ter sido os responsáveis pela morte de São João Batista.

Samaritanos

Os samaritanos eram considerados impuros pelos judeus. Não aceitavam os escritos do Antigo Testamento além do Pentateuco, nem frequentavam o Templo. O único lugar sagrado para eles era Garizim, que ficava perto de Siquém, na Samaria. Esperavam o messias Taeb (aquele que volta), não descendente de Davi, mas o novo Moisés, que colocaria tudo em ordem, revelando a verdade no final dos tempos.

3.2.3 Compreensão do cristianismo

O cristianismo pode ser entendido como um movimento iniciado por Jesus. Na tradição judaica recebeu apoio em um primeiro momento de um pequeno grupo de 12 discípulos escolhidos por ele. Jesus, durante sua vida pública, pregou sua doutrina com clareza e por vezes com duras críticas ao sistema religioso existente. Por isso, foi crucificado pela elite religiosa, em uma forma de subjugar esse movimento.

No entanto, no terceiro dia após sua morte, conforme a tradição, ele ressuscitou e com isso o movimento começou a receber apoio da população, principalmente de quem estava às margens da sociedade. Enquanto seus discípulos encontravam-se trancados no quarto por muito medo da perseguição dos líderes, Jesus ressuscitado aparece no meio deles enviando-os para pregar a Boa Nova com efusão do Espírito Santo. Essa experiência recebeu o nome de *Pentecostes*, que se configurou como o ponto de partida do espalhamento da doutrina de Jesus.

Como aponta Marcos Caldas, em seu artigo "Vida e morte no cristianismo primitivo", podemos dividir o período do cristianismo primitivo, que se estende até a conversão do Imperador Constantino, em três fases distintas:

a. a primeira fase está situada entre a época da vida de Jesus até o ano 100, data em que a maioria dos contemporâneos de Jesus já havia falecido;
b. a segunda fase vai do ano 100 ao ano de 250, no momento em que o cristianismo se propagava fora da Palestina, principalmente nas províncias romanas mais antigas (Síria, Ásia Menor, Egito e, é claro, pela Itália, especialmente em Roma), sem, no entanto, constituir uma religião universal; e
c. o terceiro momento abrange a época em que o cristianismo foi mais intensamente perseguido pelo Estado romano (entre 250 e 311) até sua aceitação como religião do Estado imperial romano a partir de 391. (Caldas, 2004, p. 1)

Evidentemente, houve diversas disputas doutrinárias entre os apóstolos em relação à transmissão da doutrina ao mundo não judeu. No entanto, com a emergência de Paulo e sua persistência em ir a Roma, iniciou-se a universalização da doutrina, que encontrou seu lugar no Império Romano. Nos primeiros anos, o cristianismo se encontrava nas periferias e era perseguido pelas autoridades, mas, posteriormente, no século IV, encontrou seu lugar no poder.

Ao longo dos séculos, quando estava no poder, o cristianismo espalhou-se, obrigando, na maioria das vezes, os outros a acolherem a doutrina de Jesus. O continente europeu se tornou cristão e então se iniciou a estruturação de seu conteúdo com a elaboração de dogmas, ritos litúrgicos e a criação do Magistério. Simultaneamente, surgiu o movimento religioso com o testemunho vivencial dos padres e madres do deserto, os quais focaram mais na espiritualidade, na pobreza e no apostolado.

Então, surgiram divergências internas que desencadearam a formação de ramificações, como ocorreu com o Cisma que dividiu a Igreja em oriental e ocidental. Mais tarde, nasceu o protestantismo, separando-se da Igreja Católica Romana. O século XX experimentou o surgimento do pentecostalismo, com a constituição de diversos movimentos que parecem estar no auge atualmente.

Por entre essas divergências, o movimento religioso assumiu diversas roupagens fornecendo modelos específicos às sociedades. Assim, é interessante notar que um pequeno movimento iniciado por Jesus encontrou seu lugar em cada canto do planeta fazendo o bem a cada cultura e povo. Além da pregação da Boa Nova, vale ressaltar o desenvolvimento educacional, social e espiritual proveniente do incansável serviço dos agentes missionários espalhados pelo mundo.

3.3 Islamismo

Abu al-Qasim Muhammed ibn Abd Allah ibn Abd al Muttalib ibn Hashim, ou simplesmente Maomé (570-632), nasceu em Meca, em um clã poderoso chamado *hachemita*. Perdeu os pais ainda cedo, foi adotado pelo avô e, depois da morte deste, pelo tio Abu Talib, cujo filho Ali se tornou o primeiro discípulo do profeta e o quarto califa (líder) a conduzir a tradição.

Maomé, por causa de sua honestidade e virtude bastante raras no ambiente de Meca, recebeu o apelido *al-Amin*, que significa o "confiável". Desde adolescente, Maomé viajava com seu tio comerciante pela Arábia e pela Mesopotâmia, o que propiciou-lhe o contato com judeus e cristãos. Isso influenciou na sua formação ética e moral. Quando seu tio faleceu, Maomé iniciou seu trabalho com uma viúva chamada Kadija, com quem se casou e de quem recebeu suporte econômico. Antes do Islã, viviam, na região da Arábia, pagãos, tribos de beduínos, judeus e cristãos.

3.3.1 Nascimento da tradição islâmica e sua difusão

O nascimento da tradição islâmica se deve à conversão de Maomé, depois de fortes experiências espirituais, por volta do ano 610, aos 40 anos de idade. Profundamente impressionado pela desunião entre as tribos da região, Maomé foi se tornando cada vez mais meditativo, entregando-se a severas práticas de mortificação e se retirando para as montanhas, a fim de rezar a sós, especificamente na caverna Hira. A tradição árabe afirma que numa noite, que ficou conhecida como *noite do destino*, Maomé teria tido uma visão em sonho, na qual recebeu a revelação do arcanjo Gabriel, que guardava em suas mãos um rolo de pano, coberto de sinais e o mandava ler. Após relutar contra essa ordem, no sonho, Maomé parece ter acordado, simbolicamente "iluminado" e profundamente consciente e um livro descera em seu coração. Percebia uma voz que lhe falava em nome de Deus, atribuindo-lhe a missão de reformar as crenças da região da Península Arábica e pôr término à idolatria e às disputas religiosas do seu povo, indicando a todos o caminho do céu.

A nova religião desenvolvida por Maomé é de doutrina monoteísta, com submissão total a Alá. Essa doutrina do monoteísmo não é originária da Arábia, mas derivada do modelo judaico-cristão. A primeira atitude de Maomé em relação à difusão da doutrina foi fazer duras críticas aos cultos e propagar iminentes catástrofes e reivindicações sociais, o que irritou a classe aristocrata de Meca. Portanto, ele teve de enfrentar a perseguição na cidade de Meca; por isso, resolveu se transferir para a cidade de Medina, na noite de 16 de julho de 622. Essa fuga é chamada de *Hégira* e marca o início do calendário muçulmano. Em Medina, foi apoiado pela população local e ali construiu a primeira mesquita. No entanto, de Medina começou as expedições em 629, entrou em Meca para tomar posse de Caaba –, o famoso santuário, conforme a tradição muçulmana, construído por Adão, depois da expulsão do jardim do Éden e reformado por Abraão durante sua viagem à Palestina. Maomé nunca se apresentou como fundador, mas como novo e último profeta da tradição islâmica.

3.3.2 O livro sagrado

O Alcorão é o livro santo do Islã, alimento espiritual de milhões de muçulmanos do mundo inteiro. A palavra árabe *qur'ân* significa "leitura", e com o artigo *al*, remete à "leitura por excelência". O autor do Alcorão é o próprio Deus, que o escreveu no coração de Maomé, durante a revelação mediante o anjo Gabriel, e depois em Medina e em Meca, em língua árabe. Portanto, o Alcorão é uma revelação de Deus, transformado em um livro com 114 capítulos, chamados *suras*. Cada sura é dividida em versículos, em árabe *âyat*, que quer dizer "sinal" (*Ayat-Ollah* = Sinal de Alah). As suras mais longas estão no começo (mais de 200 versículos); as mais curtas aparecem no final do livro.

A palavra *Islam* é árabe e significa "submissão, entrega". *Slm* em árabe significa "ficar em paz para ser um integral".

> Etimologicamente, nos idiomas semitas, como o árabe, um conjunto de palavras nasce de uma raiz comum, no geral triliteral. Por exemplo, taslim, que significa "submissão" e salam, que significa "pacificação" ou "paz" são formadas pela raiz "s", "l" e "m". Por isso, acreditamos que todas as criaturas, em sua origem, são submissas a Deus Altíssimo, independentemente da sua vontade. (Khalil; Nasser Filho, 2003, p. 20)

De *Muçlim* procede o substantivo muçulmano que significa a submissão. O verdadeiro muçulmano é aquele que se declara submisso ao poder e à vontade de Alá.

3.3.3 O dogma do Islã

O dogma da tradição islâmica foi desenvolvido em cincos proposições. A princípio, toda a crença e a prática islâmica têm duas fontes: o Alcorão e o *hadith*. O conteúdo do Alcorão é, conforme à tradição, escrito diretamente por Alá no coração de Maomé. Já o *hadith* é o compêndio de ditos, feitos e decisões de Maomé.

O princípio islâmico é **Deus é uno, único e onipotente**. *Alah* é o criador e o Senhor absoluto dos céus e da terra e de tudo que existe neles. Sabe tudo e pode tudo. Nada acontece senão pela sua vontade. Faz o que lhe apraz. Seu poder é ilimitado; portanto, Ele é uno, único e transcendente. Essa soberania de Deus é afirmada pelo Alcorão (11:99) quando diz: "Desgraça alguma acontece senão com a permissão de Deus [...] Se teu Senhor quisesse, todos os habitantes da terra seriam crentes".

3.3.4 A ressurreição dos mortos e o juízo final

O Islã admite um juízo logo após a morte da pessoa. A crença é de que o espírito do morto deve professar diante de seus dois anjos da guarda, *Muntar e Nakir*, que Não existe outro deus além de Alá, e Maomé é seu profeta. Depois, pode repousar no sepulcro até o dia da ressurreição, quando o julgamento será feito, os condenados irão para a *gena* (inferno) o lugar do fogo eterno, onde ficarão, enquanto permanecerem os céus e a terra. Os eleitos são conduzidos ao paraíso, o lugar da felicidade. O inferno não é permanente, pois a eternidade do inferno seria contra a misericórdia de Deus.

3.3.5 Maomé é o mensageiro de Deus para transmitir a Palavra

A tradição do Islã reconhece que a humanidade teve muitos profetas e cada nação teve o(s) seu(s). No entanto, Maomé é o último profeta, que foi enviado a transmitir a doutrina. O Alcorão liga inúmeras vezes o nome de Maomé ao nome de Deus e exorta: Obedecei a Deus e a seu mensageiro. "Crentes são aqueles que creem em Deus e em seu mensageiro" (24:62). "Para aqueles que não creem em Deus e em seu mensageiro, preparamos um fogo flamejante" (48:13).

3.3.6 Reconhecimento de igualdade dos seres humanos

Um dos aspectos importantes na tradição islâmica é o reconhecimento da igualdade entre todos os seres humanos. O Alcorão não classifica os homens conforme sua raça, cor, nacionalidade, cultura, posses econômicas e classes sociais. O que os distingue entre os seres seria a manifestação da crença e da fé.

Segundo essa crença, o mundo é dividido em dois campos: o dos muçulmanos (os crentes); e o dos não muçulmanos (os descrentes ou infiéis). Como afirma o Alcorão: "com certeza, Deus separará, no dia da ressurreição, os que creem dos judeus e nazarenos e magos e idólatras" (22:17). "São realmente crentes os que creem em Deus e em seu mensageiro; que não duvidam e que lutam, com sua vida e suas posses, pela causa de Deus" (49:15).

3.3.7 Cinco pilares do Islã

Entre os dogmas, o mais importante é o das cinco obrigações ou deveres de todo muçulmano. Alguns cientistas de religião afirmam que eles são cinco pilares que unificam os muçulmanos do mundo todo, embasam a prática da fé e sustentam a religiosidade islâmica.

1. ***Shahada* – a profissão de fé**

A *Shahada* é equivalente ao batismo da tradição cristã. É a entrada para a comunidade muçulmana e também é compreendida como a entrada para outro mundo depois da morte. Tudo se envolve na profissão de fé realizada ao dizer, com convicção, que "Não existe outro deus além de Alá, e Maomé é o grande profeta, o mensageiro de Deus".

2. ***Salat* – a oração diária**

Salat é a oração que todo muçulmano é obrigado a rezar cinco vezes ao dia: ao amanhecer, ao meio-dia, às 15h, ao anoitecer e à noite. A oração inicia com o chamado normalmente feito pelo líder muçulmano, o muezim (ou almuaden), no mirante da mesquita. Sempre acontece em língua árabe, e consiste de três partes: introdução, chamado e conclusão. Cada detalhe da oração diária é cuidadosamente prescrito, iniciando e terminando com o nome de Deus, Alá. Os muçulmanos não são livres para desviar de qualquer oração, pois depois de cada frase encontra-se o momento de silêncio em que se deve repetir a frase em silêncio. Dessa forma o muçulmano reafirma sua submissão total a Deus.

3. ***Zakat* – o imposto dos pobres**

A tradição muçulmana é voltada ao bem-estar da comunidade; portanto, pratica algo semelhante ao dízimo da tradição cristã, que eles chamam de *zakat*. O termo *zakat* vem da palavra árabe que significa "purificar", assim, simbolicamente se purificam seus bens com a da doação. Além disso, com ela, garante-se o bem-estar das pessoas que não têm o que comer. Cuidar dos pobres da comunidade não é uma questão de escolha, sentimento ou simpatia, mas um dever de cada muçulmano. Qualquer relação que não inclui o elemento concreto de assistência aos pobres da comunidade não é uma resposta total à mensagem do Alcorão.

4. ***Saum* – o jejum no período de Ramadã**

Durante o mês de Ramadã, entre o sol nascente e o sol poente, os muçulmanos não comem nem bebem algo ou se engajam em atividades sexuais. O jejum no tempo de Ramadã reflete a dimensão da esperança escatológica e da solidariedade comunitária, além de domesticar os pensamentos e sentimentos selvagens e focar no perdão e na renovação.

5. ***Hajj* – a peregrinação a Meca**

É obrigação dos muçulmanos, pelo menos uma vez na vida, fazer a peregrinação a Meca, chamada de *hajj*. De modo geral, a peregrinação ocorre no mês de Ramadã, que é considerado o tempo sagrado. Nesse momento, acontecem sete rituais durante sete dias de peregrinação:

1. No primeiro dia do *hajj*, quando chega, o peregrino dá sete voltas em torno da Caaba, uma construção cúbica onde se encontra a pedra negra (Figura 3.3).

Figura 3.3 – Peregrinos ao redor da Caaba

Sony Herdiana/Shutterstock

2. No segundo ritual, o fiel precisa percorrer sete vezes a distância entre os montes Safa e Marwa, para comemorar a fé da Agar. Além disso, deve visitar a casa de Abraão e coletar a água da fonte de Zamzam, que é a fonte onde Ismael e Agar tomaram água quando estavam perdidos no deserto, logo após a expulsão por Abraão.
3. No terceiro dia, os peregrinos se dirigem a Mina, uma região desértica em Meca, onde ficam em tendas erguidas especialmente para a concentração espiritual.
4. No dia seguinte, por volta do meio-dia, todos seguem para o Monte Arafat (Figura 3.4), 12 quilômetros ao sul de Meca, e sobem o Monte da Misericórdia, no ponto alto da peregrinação. Lá, pedem perdão a Deus. A espera no alto da colina simboliza o Juízo Final. De acordo com a tradição, Adão e Eva foram para o Arafat depois de serem expulsos do paraíso. Os peregrinos ficam em concentração até perto do anoitecer. Em seguida, os muçulmanos vão até Muzdalifa, onde passam a noite.

Figura 3.4 – Muçulmanos em visita ao Monte Arafat

Mirzavisoko/Shuterstock

5. Após a oração da alvorada, eles voltam a Mina para cumprir o ritual de atirar sete pedras, lembrando o apedrejamento do Diabo por Abraão, quando ele queria impedir que o profeta sacrificasse, a pedido de Deus, seu único filho.
6. Ao lado de muçulmanos de todo o mundo, os fiéis celebram o Eid al-Adha, ou Festa do Sacrifício, em que cada peregrino deve sacrificar um animal, geralmente um cordeiro. O ritual lembra o sacrifício que Abraão esteve a ponto de cumprir com seu filho. O sacrifício não é uma obrigação, mas uma tradição. A peregrinação do fiel, portanto, não é anulada se ele não cumprir o sacrifício.
7. Os peregrinos devem voltar rapidamente a Meca, para outras sete voltas ao redor da Caaba, ritual que marca o fim da peregrinação.

Por fim, vale lembrar que dois grupos são perceptíveis no islamismo:

1. **Sunitas**: tradicionalistas, partidários do respeito total à *Sunna*[2] e aos antepassados (encontra-se nesse grupo a maior parte dos muçulmanos).
2. **Xiitas:** radicais, que consideram o único pecado grave o da apostasia (perda da fé muçulmana), que deve ser punido com a morte.

Síntese

As tradições oriundas do deserto têm origem em Abraão e, assim, guardam relação entre si, ainda que apresentem diferenças. Explicamos, neste capítulo, que o judaísmo é visto como uma religião da promessa; o cristianismo, como cumprimento da promessa, e o islamismo, como resgate da promessa. Essa afirmação foi estabelecida pelos teólogos dessas tradições, para perceber o fio condutor que liga as três religiões e reconhecer a herança que vem da figura de Abraão.

2 *Sunna* são os feitos e ditos de Maomé, por vezes também referidos como a *doutrina de Maomé*.

Tratamos das três tradições de forma detalhada para compreender a doutrina, as sagradas escrituras e suas formas de viver. Cada tradição tem sua especificidade – por exemplo, o judaísmo se sustenta com a esperança; o cristianismo vive a dimensão do amor e o islamismo enfatiza a fé. Todas surgiram em épocas diferentes e assumiram características distintas.

Indicações culturais

IÊMEN: o segredo do Oriente. Disponível em: <https://www.youtube.com/watch?v=1dLgwQswznY>. Acesso em: 7 dez. 2018.

Esse documentário apresenta a cultura do Oriente Médio de forma clara e trata especificamente da tradição muçulmana nessa região e também em países vizinhos.

Atividades de autoavaliação

1. Os cinco pilares do Islã são:
   a) *Marwa* – ressurreição dos pobres; *Salat* – oração diária ritualística; *Zakat* – esmola dos pobres; *Saum* – jejum no mês de Ramadã; e *Hajj* – peregrinação de Jerusalém.
   b) *Shahada* – a profissão de fé; *Salat* – oração diária ritualística; *Zakat* – esmola dos pobres; *Saum* – jejum no mês de Ramadã; e *Hajj* – peregrinação de Meca.
   c) *Shahada* – a profissão de fé; *Salat* – oração diária ritualística; *Zakat* – esmola dos pobres; *Saum* – jejum no mês de Ramadã; e *Hajj* – ficar em casa e rezar.

d) Caaba – prática de fé; *Hajj* – jejum no mês da Páscoa; Alá – sacerdote muçuçmano; *Shahada – oração no mês de setembro; Zakat – dízimo.*
e) Ramadã – peregrinação à Meca; Caaba – templo sagrado; *Zakat* – esmola aos pobres; *Salat* – oração diária realizada quatro vezes; Alá – Deus poderoso.

2. A respeito da palavra Islam é correto afirmar que:
   a) é árabe e significa "submissão, entrega". *Slm* em árabe significa "ficar em paz para ser um integral".
   b) significa "submissão", mas também representa "poder".
   c) vem do árabe *Slm*, que significa "entrar em guerra com os outros".
   d) é da tradição cristã.
   e) significa "purificar o mundo inteiro".

3. Assinale a alternativa correta:
   a) O cristianismo nasceu do rompimento com a tradição judaica, e, depois de purificar, continuou como judaísmo.
   b) O cristianismo nasceu do rompimento com a tradição judaica; consistindo em uma reforma iniciada por Jesus com mudanças nas antigas práticas dos rituais.
   c) O cristianismo não rompeu com o judaísmo, mas foi uma reforma iniciada por Jesus com mudanças nas antigas práticas dos rituais.
   d) O cristianismo nasceu do rompimento com a tradição islâmica, consistindo em uma reforma iniciada por Jesus com mudanças nas antigas práticas dos rituais.
   e) O cristianismo deu continuidade às práticas do judaísmo, mesmo após tê-las criticado.

4. Assinale a alternativa que completa a frase. "A fé dos judeus é construída com base...":
   a) na tríplice crença: existe um Deus, existe um povo e existe uma descendência.
   b) nos quatro elementos: existe um Deus, existe um povo, existe uma aliança e existe uma festa.
   c) na tríplice crença: existe um anjo, existe um povo e existe uma aliança.
   d) na tríplice crença: existe um Deus, existe um povo e existe uma aliança.
   e) na tríplice crença: existe um Deus, existem os santos e existem os justos.

5. Quem é o fundador do islamismo?
   a) Moisés.
   b) Maomé e seus companheiros.
   c) Maomé.
   d) Jesus.
   e) Sidharta Gautama.

Atividades de aprendizagem

Questões para reflexão

Visite uma sinagoga, uma igreja e uma mesquita ou outro templo de sua cidade. Observe cautelosamente seus símbolos. Depois trace o paralelo entre esses símbolos apresentando semelhanças e diferenças entre eles.

1. Quais pensamentos a visita suscitou em você?

2. Quais símbolos o impressionaram?

3. O que a visita proporcionou a você no que se refere ao conteúdo religioso?

Atividade aplicada: prática

1. Participe sozinho de cerimônias ritualísticas de uma das tradições (judaísmo, cristianismo ou islamismo). Observe meticulosamente cada símbolo elaborado durante a celebração. Em um segundo momento, escreva sobre os aspectos que o impressionaram mais. Depois compartilhe suas anotações com colegas ou familiares.

4
Tradições afro-brasileiras e indígenas

O continente africano é fascinante por diversos motivos. Por um lado, encontra-se ali uma geografia exuberante, com imensa diversidade: com desertos, terras férteis, florestas, inúmeros rios, belas montanhas e vasta região litorânea. É lugar de animais selvagens de todo tipo. Além disso, é um continente culturalmente deslumbrante e palco de uma história de milênios com numerosos povos e civilizações. Antes de virem para as Américas, populações negras viviam na África em diferentes tipos de economia familiar e sociedades, que, por sua vez, se encontravam em estágios diferenciados de desenvolvimento cultural e civilizatório. No campo religioso, havia uma cosmovisão específica, fortemente voltada à preservação dos vínculos familiares, estendendo-se ao passado, ao presente e ao futuro.

4.1 Diáspora da população africana

Um dos capítulos infelizes da humanidade foi a escravidão, a qual parece ter existido grande parte das sociedades. Antes de serem trazidos escravizados para as Américas os africanos se dividiam basicamente em três tipos principais de povos. O primeiro tipo eram os povos que viviam em sociedades diferenciadas quanto ao papel dos indivíduos na produção e na política; o segundo era composto por povos organizados em sociedades tribal-patriarcais; e, por fim, o terceiro tipo eram as comunidades primitivas. As migrações forçadas para as Américas representaram um novo capítulo para a população africana, marcado pelo desenraizamento de sua própria cultura, da cosmovisão religiosa e, ao mesmo tempo, pela organização de uma nova cultura, uma nova religião, a partir de novos conteúdos tanto culturais como religiosos. No caso do Brasil, as religiões que nasceram como tradições afro-brasileiras, são o candomblé e a umbanda.

Como já apontamos, a população afro-americana em grande parte proveio de diferentes regiões e era pertencente a diferentes grupos étnicos. Estima-se que 4 milhões de pessoas foram forçadas a migrar entre os séculos XVI e XIX para as Américas. A maioria descende de três grandes culturas africanas – banto, nagô e fula. Podemos observar que a cosmovisão religiosa desses povos é distinta e, ao mesmo tempo, similar.

Os negros da cultura banto foram trazidos principalmente da região de Angola, Congo e Moçambique. De modo geral, os cultos dos bantos eram dirigidos às almas dos parentes falecidos. Já o povo nagô (negros de cultura sudanesa) são representados principalmente pelos povos iorubás da África Ocidental – Nigéria, Benin e Togo. A característica dos cultos do povo nagô era a crença em espíritos intermediários entre as divindades e os homens, chamados ***orixás***. Assim, encontra-se uma nítida diferença entre dois grupos: os bantos recorrem aos espíritos dos antepassados; e os nagôs, às entidades cósmicas, ou espíritos da natureza. O terceiro grupo, os fulas, era formado pelos negros de cultura guineana e sudanesa, tendo traços islamizados, não teve o ambiente adequado para desenvolver sua visão, portanto se perdeu ao longo dos anos.

4.1.1 Diáspora africana ao Brasil

A população africana foi trazida ao Brasil de forma forçosa por motivos econômicos. Os portos foram utilizados para os desembarques conforme a necessidade. Por exemplo, os portos de Salvador e Recife foram utilizados para o desembarque dos negros, particularmente, para trabalhar nos engenhos de açúcar. De lá, espalharam-se por toda a Bahia e Sergipe; e do Recife, para Alagoas e Paraíba. Do porto de São Luís foram para o cultivo de algodão; dos portos de São Mateus e Vitória, para trabalhar na mineração em Minas Gerais. Por fim, o porto do Rio de Janeiro foi utilizado para o desembarque dos escravos para trabalhar com o café. Na atualidade, a população africana encontra-se espalhada em todo o território nacional.

4.1.2 Processo da adaptação no Brasil

A presença de milhões de negros no Brasil não é fruto de imigração espontânea, mas da escravidão, desde os primeiros anos de colonização. Esses homens e mulheres escravizados, comprados ou sequestrados, trazidos ao Brasil recebiam o batismo nos portos africanos ou nos portos brasileiros. Em muitos navios, vinham com os escravos os missionários franciscanos, ou jesuítas, que lhes davam algumas noções de catequese cristão-católica. A instrução, geralmente, se limitava aos elementos básicos da tradição cristã como os Dez Mandamentos, o pai-nosso e a ave-maria. A religião simplesmente era imposta sem nenhum critério ou liberdade, e assim não podia, certamente, ser aceita com alegria e gratidão.

No segundo momento, para manter separados os negros dos brancos também na religião, construíam-se as irmandades de Nossa Senhora do Rosário, de São Benedito ou outros santos, onde não raramente os negros eram obrigados a entrar. Muitos historiadores veem nessas irmandades a origem do **sincretismo** (fusão de elementos diferentes) das religiões africanas com o catolicismo popular. Foi nessa época que os santos católicos entraram no mundo cultural africano por apresentarem algumas características dos orixás, que os negros veneravam. A "passagem" ou "tradução" do orixá africano para o santo católico acontecia de maneira muito livre.

Como apontamos anteriormente, tanto os espíritos dos antepassados como os de natureza eram chamados de *orixás*[1]. Quando os africanos chegaram ao Brasil trouxeram consigo suas tradições relacionadas aos espíritos; por exemplo, Ogun, espírito do ferro e da guerra, na Bahia é atrelado à figura de Santo Antônio, padroeiro do exército português; no Recife é identificado com São Jorge; em Porto Alegre, com Santo Onofre. Xangô, espírito da tempestade, do trovão e do raio, que é identificado como São Jerônimo, porque esse santo é representado frequentemente perto de um carneiro que é o alimento sacrificial de Xangô.

Do mesmo modo, as festas africanas adaptam-se ao calendário cristão. Por exemplo, a festa do início do ano africano, que se celebra

1 Orixás são as entidades intermediárias entre o divino e o humano, como se fossem os anjos da tradição cristã. A tarefa desses orixás é trazer mensagens de alegria ou de castigo. Os rituais das tradições africanas buscam preservar a alegria desses orixás para que tragam mensagens positivas.

lavando todos os objetos para purificá-los das impurezas, corresponde à festa de Nosso Senhor do Bonfim, com o ritual nos degraus da Igreja do Bonfim em Salvador (BA).

Os sacramentos são encarados na perspectiva da cultura africana: considera-se que cada sacramento aumenta a força vital.

4.2 Visão do mundo e desenvolvimento da religiosidade

A visão de mundo fornecida pelos textos sagrados, que são transmitidos de forma oral, serve-se de mitos, lendas, canções, contos, danças, provérbios, adivinhações e ritos para explicar, vivenciar e perpetuar suas crenças e tradições. Um dos mitos que explica a criação do mundo aponta que Olorum era uma divindade de massa infinita de ar. Dessa divindade vieram todos os elementos da vida iniciando com a água e lama e mais tarde toda existência nos planos visíveis e invisíveis[2].

As tradições africanas mantêm a crença no Ser Superior, Olorum, que criou o mundo e a vida. É uma forma de monoteísmo, já que há a existência de um Deus Supremo, mas este é rodeado de espíritos auxiliares, os orixás. Essa divindade não é admoestada pelas pessoas nem invocada. Ela mora no céu e não se relaciona com os seres humanos. A relação, o contato do divino com o humano acontece por intermédio dos orixás. Portanto, os humanos esperam do Olorum e dos orixás proteção e auxílio.

2 Um dos nomes da divindade, a princípio considerado como absoluto e criador do universo.

4.2.1 Crença nos orixás - as forças da natureza ou espíritos dos antepassados

Receber o Axé significa incorporar os elementos simbólicos que representam os princípios vitais de tudo o que existe, no mundo visível e no mundo invisível, num processo de expansão permanente.

Nas tradições afro-brasileiras predomina uma cosmovisão sistêmica ou orgânica de mundo ou da realidade, sem uma divisão clara entre matéria e espírito. É nessa realidade que os poderes cósmicos, os orixás, desempenham papel decisivo.

Os orixás, auxiliares de Olorum, identificam-se com as forças da natureza e os ancestrais divinizados. Suas ações são narradas em parábolas que os personalizam como heróis, guerreiros e reis, masculinos e femininos, com uma lógica e ética próprias, mantendo uma relação íntima com a comunidade, na qual realizam suas manifestações. O papel do Olorum é doar o Axé – energia ou força vital – por intermédio dos orixás aos seres humanos. Receber o Axé significa incorporar os elementos simbólicos que representam os princípios vitais de tudo o que existe, no mundo visível e no mundo invisível, num processo de expansão permanente.

4.2.2 Religiosidade

A religiosidade das tradições afro-brasileiras é desenvolvida em um espaço sagrado chamado *terreiro*, o centro das práticas religiosas, construído segundo um padrão determinado tradicionalmente. Há preocupação com o uso correto da **ecologia local**, para garantir a preservação de um espaço verde próximo ao terreiro. Esse lugar sagrado também serve à formação dos futuros líderes religiosos.

No campo dos rituais, a crença só pode ser entendida por meio da participação na experiência religiosa, através dos símbolos. O culto religioso é realizado com **ritos e oferendas.** Em seus rituais há cantos, danças, ao som de instrumentos que produzem transes; as vibrações sonoras e rítmicas constituem a base do processo ritualístico. Há momentos de orientação por parte do pai de santo[3] aos que o consultam.

A qualidade de vida depende das relações estabelecidas entre os humanos e outros seres. Qualquer ofensa feita à natureza, ou aos seres humanos, não fica sem retorno. Tudo está em tudo, pois se encontra conectado, a religiosidade se funde com a cultura e com a política. Portanto, vida, trabalho, religião, amor e afeto são formas de prestar culto a Deus. Nesse ponto, surge a obrigação da comunhão, para que o grupo sobreviva, espiritual e materialmente. As três atitudes muito caras ao povo negro são: a **partilha**, a **solidariedade** e o **respeito.**

> Vida, trabalho, religião, amor e afeto são formas de prestar culto a Deus.

A crença na ancestralidade é a resposta para a perpetuação da vida depois da morte. A realidade é uma totalidade, sem uma divisão clara entre as duas dimensões: o mundo da matéria e o mundo do espírito. Tudo está presente nessa realidade única; os mortos não estão mortos, eles vivem e se manifestam através dos novos que nascem para a vida.

Assim observamos, no campo da religiosidade, três aspectos essenciais da tradição africana: oralidade, simbolismo e diálogo. A **oralidade** abrange o sistema comunicativo que prevê a identificação, a expressão e a conservação da bagagem etnocultural; o **símbolo** é fundamental para a expressão da crença; e com o **diálogo** os membros

3 Pai de santo é aquela pessoa que coordena todo o conjunto dos ritos. Podemos compará-lo ao sacerdote da tradição católica. O pai de santo, de modo geral, é uma pessoa de experiência de vida e possui alto grau de sensibilidade para perceber e analisar as mensagens recebidas por parte dos orixás.

da comunidade têm a seu dispor o conhecimento dos mitos e das alegorias por meio da oralidade, nesse caso, por intermédio do pai de santo.

4.3 Conceito de família

O universo familiar dos africanos é muito peculiar; assim o conceito da família se estende além dos vivos, ou seja, aos mortos e também aos não nascidos. A **ancestralidade** é o conceito mais forte na tradição. Nela, o antepassado morto transforma-se em espírito permanecendo próximo à tribo para vigiá-la e protegê-la. Ele vigia se os costumes são preservados pelos vivos e se as regras são cumpridas e os sacrifícios são administrados para contentar os espíritos dos ancestrais. O cumprimento desses deveres é garantia da proteção por parte dos ancestrais.

Essa visão leva a outro aspecto da compreensão da família, em uma dimensão muito mais exigente, a de dar continuidade à família. Morrer sem filhos significa não ter uma conexão com o futuro, pois não haverá ninguém para manter o contato. De acordo com essa visão, a **poligamia** é praticada para garantir a descendência e também estar em paz depois da morte. O indivíduo sabe que, depois da morte, sua alma está conectada com seus descendentes.

Outro elemento interessante refere-se à propriedade. É uma das tarefas mais importantes do homem tomar conta dela, pois foi outorgada à tribo por seus antepassados, e deve ser passada a seus descendentes. Portanto, existe a propriedade da tribo e não a do indivíduo, não sendo possível vendê-la por partes.

4.4 Candomblé

O candomblé está presente principalmente na Bahia, mas também em outros estados. Trata-se de uma religião da tradição oral, mantida mediante lendas, histórias e fatos. *Candomblé* significa "cantar e dançar em louvor". É um símbolo da resistência dos negros contra a escravidão no Brasil. A tradição não afirma a reencarnação, mas a ancestralidade, pois os ancestrais vêm para dar recados. Os cultos são especialmente da religiosidade iorubá, da Nigéria. Trata-se de um dos ritos afro-brasileiros que mais conservaram as características da cultura negra.

A doutrina do candomblé concentra-se na teogonia (origem dos deuses) e na cosmogonia (origem do mundo). É uma tradição essencialmente de "culto aos orixás", aos espíritos puros, pois nela não há lugar para o diabo nem para o inferno. O homem é convidado a superar suas imperfeições por meio dos próprios esforços, com o apoio da comunidade e dos orixás.

Como o parâmetro do pensamento religioso africano é a ancestralidade, pode-se concluir que não chega a ser verdadeiramente um culto, no sentido de Igreja, mas uma profunda veneração aos que nos antecederam neste mundo e que agora estão juntos de Deus, por intermédio dos quais os vivos podem alcançar do Criador benefícios individuais ou comunitários.

Os antepassados foram pessoas como nós e nos transmitiram a vida pelo poder de Deus. Existe um Deus, único, criador de tudo e de todos, onipotente, onisciente, bom, misericordioso e justo. Ele permeia o bem e castiga o mal. Assim, são oferecidos produtos alimentares e roupas aos defuntos porque foram esses itens que eles em vida conheceram e utilizaram.

4.4.1 Orixás no candomblé

Orixás são divindades secundárias que estabelecem contato com o divino. São espíritos ancestrais ou forças da natureza. Eles decidem pequenas questões humanas. Como mensageiros de Deus, são encarregados por ele de governar o mundo e de intervir em favor dos homens e puni-los quando necessário. A criança, pelo movimento que faz no útero materno, já é denominada devota de determinado orixá, o qual comandará sua a vida até a morte.

O orixá não é bom nem mal, mas exige uma obediência absoluta do crente. A obediência produz proteção e generosidade da divindade. A desobediência significa castigo. O orixá pode causar infortúnios, como deixar aleijado, trazer derrame, fazer perder tudo o que se ganha. O crente tem de preservar essa afinidade com esses espíritos protetores.

A seguir detalhamos a personalidade de alguns orixás para explicar melhor o papel desenvolvido por eles:

- Oxalá – Também chamado de Obatalá, simbolicamente é um grande rei ou filho do Deus Supremo. Devido a essa importância, é sincretizado com Jesus Cristo ou o Senhor do Bonfim, sempre vestido de branco, representando a santidade, a pureza e a vida. Um de seus elementos importantes é a agua. Portanto, esse orixá preside a cerimônia de purificação durante as festas de candomblé, nas quais os crentes vestem branco e vão a fontes de água na madrugada para encher as vasilhas da casa de culto. Esse orixá é representado de duas formas, uma apoiando-se em um cajado, quando recebe o nome Oxalupã; outra, segurando o pilão na mão direita, sendo nomeado Oxaguiã.
- Iemanjá – Orixá feminino das águas salgadas; mãe que protege e destrói. No estado da Bahia, é sincretizada com a Virgem Maria e Nossa Senhora da Conceição. Em honra dela são realizadas as

processões marítimas. Pode ser identificada de longe por sua veste azul e vermelha. É protetora do mar, da família e da vida.

- Ogum – Orixá da guerra, protetor das ferramentas e dos mecânicos. As ferramentas são utilizadas principalmente nas caças, por isso também é por vezes visto como protetor da caça. Na tradição católica ele é identificado com Santo Antônio.
- Xangô – Orixá do raio, do trovão e das tempestades. Está sempre afinado com a cor vermelha e branca. Carrega um machado com asas. É considerado o Senhor da Justiça, castigador dos malditos. No catolicismo, identifica-se com São Jerônimo.
- Oxum – Orixá feminino, símbolo de feminilidade, sexo, vaidade. Protetora da água doce.
- Omulu – Vassoura sagrada. Cores vermelha e preta. Símbolo das doenças, responsável pelas epidemias arquetípicas – pessoas fechadas, discretas etc.
- Oxóssi – Protetor das matas e dos animais. Não permite a violência ou a destruição das matas. É identificado com São Jorge e São Sebastião no Rio. Na festa de *Corpus Christi*, é vestido de vermelho, verde e azul.
- Oxumaré – Orixá das serpentes e senhor dos venenos, é sincretizado com São Bartolomeu. É criado de Xangô. A cor que representa é o branco.
- Iansã – Mulher de Xangô, senhora dos temporais. Identificada com Santa Bárbara. Cores vermelha e branca.
- Ossaê – Orixá das plantas medicinais e daquelas que são reservadas às cerimônias rituais. Distribui o Axé de Olorum, através da virtude que as plantas têm de manter a saúde.
- Obá – Deusa guerreira. Identificada com Santa Joana D'Arc. É uma das mulheres de Xangô.

4.4.2 Terreiro ou casa de candomblé

Terreiro é uma casa de culto ou oração. A princípio é uma casa comum, tendo no fundo um barracão onde se realiza o ritual. É retangular – com duas ou três portas e algumas janelas. Acima da porta principal existem chifres de boi, um arco ou uma quartinha de barro em homenagem ao orixá protetor. No interior do terreiro, de um lado ao outro, estendem-se cortinas e enfeites de palha ou papel colorido. Ao fundo, há cadeiras para os visitantes. O altar sempre contém diversas imagens de orixás, santos cristãos e outras divindades. Bancos de madeiras se encontram ao longo das paredes. Todo tipo de celebração é realizada nesse espaço. Além disso, esse espaço também é utilizado para a comunicação com os orixás através dos quais se percebe a vontade de Deus para os seres humanos.

Celebração da iniciação do candomblé

A celebração de iniciação contém múltiplos símbolos e significados. Alguns sinais são o toque dos tambores e o lançamento dos foguetes. De regra, todo foguete que atravessa o céu perfurando a camada que divide o céu e a terra indica a descida de um orixá no seu adepto, filho de santo ou cavalo do santo. O mundo do candomblé abrange todos os aspectos da vida e muitas práticas são conhecidas somente pelos adeptos.

O período da iniciação tem o objetivo de fazer do candidato uma pessoa completamente nova. Por isso, a parte central da iniciação é a morte ritual do candidato, que abrange a raspagem da cabeça, sua pintura com giz sagrado, o batismo ou banho de sangue, no qual o candidato recebe sobre a própria cabeça o sangue de um animal sacrificado. Logo em seguida, faz-se um corte na cabeça para abrir a passagem para o orixá que irá tomar posse definitivamente. Então, o filho do santo, isto é, aquele consagrado a determinado orixá, com seus companheiros, sai do quarto da iniciação e vai para o terreiro no meio da multidão – que joga pétalas e flores e canta. O filho do santo permanece mais uma semana no terreiro. Antes de voltar para a vida normal, precisa aprender novamente os gestos da vida diária, esquecidos no período da iniciação. Depois, pode sair, mas o orixá habitará sempre nele.

4.5 Umbanda

O termo *umbanda* tem múltiplas origens. Alguns estudiosos dizem que é resultante da conversão feita pelos sete arcanjos, uma vez que o termo contém sete letras. Outros são da opinião de que as três sílabas da palavra remetem à Santíssima Trindade dos cristãos. Para alguns, umbanda significa o legionário de Deus e, para outros, simboliza a luz divina. No entanto, a fraternidade da umbanda define a religião como "uma religião afro-brasileira, que sincretiza o catolicismo, o espiritismo e as religiosidades africana, indiana e indígena, e é por muitas vezes confundida com o Candomblé e a Quimbanda, porém possui princípios, ensinamentos e rituais que a diferencia das demais" (Umbanda, 2018). Segundo o catecismo da umbanda, a palavra umbanda é uma palavra africana "ymbanda" e significa ora o sacerdote, ora o lugar onde se pratica o culto. Alguns ainda pensam que veio da Índia, *Aum bandha*, remetendo ao antigo símbolo OM (Umbanda, 2018).

Hoje, a umbanda está presente praticamente em todos os estados brasileiros. Como é uma religião tipicamente nacional, podemos dizer que foi organizada com base em cultos afros, crenças católicas, filosofia espírita e pajelança indígena. O início da tradição se deve a Zélio Fernandino de Morais, no dia 15 de novembro de 1908, em uma Federação Espírita na cidade de Niterói, no Rio de Janeiro.

4.5.1 Alguns fundamentos da umbanda

Toda a doutrina baseia-se na crença de que a umbanda é vista como quarta revelação por seus adeptos em uma ordem cronológica – Moisés, Jesus Cristo, Alan Kardec e umbanda. Sua estrutura doutrinal é construída sobre três princípios, que são: **fraternidade**, **caridade** e **respeito ao próximo**. Como qualquer outra religião, a tradição umbanda exige a fidelidade a esses princípios e também alguns conceitos básicos que podemos definir como dogmas, são eles:

- existência de um único Deus, supremo e onipotente, conhecido como Zambi, Olorum ou simplesmente Deus;
- existência de orixás, seres do plano superior que representam, cada um a sua forma, elementos da natureza, do planeta ou das características humanas;
- manifestação dos espíritos e suas várias formas de atuar, podendo ser os guias, que são mensageiros divinos, espíritos de luz em evolução que incorporam nos médiuns para ensinar e orientar os que buscam auxílio;
- a mediunidade como forma de comunicação entre as esferas física e espiritual;
- crença na **lei cármica**, na qual se baseiam as ações do homem e suas consequências;
- ideia de "o caminho", por meio da qual as pessoas devem procurar a religião com que mais se identifiquem, visto que a umbanda não discrimina nenhuma religião e crê que, sendo alicerçada pelas mãos divinas, qualquer jornada é válida na evolução espiritual;
- referências africanas (culto aos orixás e antepassados), indígenas (forte ligação com os elementos da natureza), europeias (sincretismo com os santos cristãos) e indianas (reencarnação e o carma).

A umbanda é uma religião com tendências mediúnicas, ou seja, acredita na comunicação com seres de outros planos, por meio dos sentidos. Esses sentidos podem ser vividos em diversas formas, como a psicografia, a psicometria, a clarividência, e também vidência, que são mais comuns para umbanda, além de mediunidade de incorporação. A mediunidade vista como necessidade, que é precedente na religião, e a comunicação com os seres dos outros planos fazem contemplar a presença dos **guias espirituais** que orientam a fazer o bem. Portanto, a umbanda tem as **sessões de caridade** para todos, e **sessões de formação** só para os adeptos.

A umbanda é uma religião com tendências mediúnicas, ou seja, acredita na comunicação com seres de outros planos, por meio dos sentidos.

4.6 Tradições indígenas

É consenso que o grupo que deu origem à população indígena da América Latina veio do nordeste da Ásia, a região siberiana. O grupo parece ter entrado nas Américas através do Canal de Bering, rumo ao Canadá e em seguida para a América do Norte e, finalmente, dirigiu-se para a porção sul da América, ocupando praticamente todo o continente. Estima-se que o grupo fundador do qual provieram todos os grupos indígena-americanos era composto de 70 pessoas que viveram por volta de 30 a 15 mil anos atrás (Martins, 2016).

O mapeamento genético mostra que as raízes ancestrais dos índios americanos são eminentemente do povo da Sibéria. Os traços comuns de algumas tribos do Brasil estão intimamente relacionados com os nativos do sudeste da Ásia e da Oceania. Assim, os indígenas americanos não são somente originários da Sibéria, mas também de certas partes do sul da Ásia. Por suas características físicas, que são semelhantes às dos indianos e indonésios, Cristóvão Colombo, durante suas expedições aventureiras para encontrar a rota pelo mar para a Índia, acabou chegando ao Ocidente e chamou a população nativa de *índios*.

4.6.1 Mapeamento dos diversos grupos indígenas

Os ameríndios são ancestrais dos povos indígenas brasileiros. Sua origem é uma hipótese teórica, no sentido de que o primitivo habitante do Brasil não era, então, de maneira alguma, autóctone; veio de outro continente ou de outros continentes. Há historiadores que afirmam que a região onde nasceram os primeiros tupis é a foz do Rio Amazonas. Destes, uns desceram a costa brasileira. Outros estudiosos afirmam que tiveram sua origem entre o Rio Paraguai e o Rio Paraná, e subiram a costa brasileira.

Os povos indígenas brasileiros podem ser separados em dois grandes troncos linguísticos: o Tupi e o Macro-Jê (guarani). Embora difiram em vários aspectos, ambos pertencem ao grande povo ameríndio. De cada tronco, variam as famílias, as línguas e os dialetos.

Com relação à distribuição dos povos no Brasil, podemos destacar que os povos do tronco linguístico Tupi se deslocaram do norte do Brasil, na foz do Rio Amazonas, e se direcionaram para o Sul brasileiro pelo litoral. Há estudiosos que afirmam que os guaranis também se deslocaram da mesma forma. Acredita-se que estes, porém, tenham se direcionado ao sul brasileiro por fora do país. Eles atravessaram áreas que hoje correspondem aos países hispânicos, chegando ao Paraguai e ao Uruguai. Então, começaram a adentrar no território brasileiro. Foi nessa fase, que os dois povos do mesmo tronco linguísticos se encontraram, no que equivale atualmente às Regiões Sul e Sudeste do Brasil. Dessa união surgiu a família Tupi-Guarani.

Estudiosos também afirmam que quando os tupis iam em direção ao sul brasileiro, povoando o litoral e formando tribos, encontraram-se com o povo do tronco linguístico Macro-Jê. Estes foram perdendo espaço conforme os tupis foram avançando. Então, os macro-jês foram empurrados para o interior do país, enquanto os tupis ficaram com maior concentração no litoral brasileiro.

4.6.2 Cosmovisão indígena

Para os indígenas, a natureza é exclusivamente "natural", ou seja, está carregada de um valor religioso; portanto estar em sintonia com ela é base de sua cosmovisão. O mundo apresenta-se de tal maneira que, contemplando-o, é possível descobrir os múltiplos modos do sagrado. Os ditos e feitos dos indígenas, seu modo de vida e suas reuniões guardam relação com os espíritos da natureza que eles chamam de *pachamama*, e é essa relação que determina a vida espiritual.

Assim, a experiência mística indígena não se baseia em afastar o sujeito de sua natureza e de seu espaço; ao contrário, enraíza o ser e aprofunda-o em suas próprias origens naturais.

> A sabedoria e o conhecimento são revelados pelo encontro íntimo entre o Índio e a Mãe Terra. Deste modo, ao contrário da visão psicanalítica ocidental que descreve a jornada solitária do indivíduo rumo à diferenciação, os indígenas entregam-se à experiência mística da indissociação, do retorno de sua natureza pessoal à natureza primordial, coletiva e sustentadora. (Schlogl, 2010, p. 96)

Apesar de seu sistema religioso ser bastante complexo devido às diversas tribos do Brasil, é possível utilizar como exemplo determinada religião para assim entender algumas características comuns presentes entre elas. Como diz Laraia (2005, p. 8), no Brasil, a equivalência encontra-se nas religiões xamanísticas. Desde o princípio do século XX, os etnólogos adotaram o costume de empregar indistintamente os termos xamã, homem-médico, feiticeiro ou mago, para designar determinados indivíduos dotados de prestígio mágico-religioso e reconhecidos em todas as sociedades primitivas.

O termo *xamã* tem sua origem em povos siberianos, os tungues. Constata-se que, através de um estado de transe, eles poderiam entrar em contato com seres sobrenaturais, como as almas dos antepassados ou distintos tipos de espíritos. "Este é o caso da maioria dos líderes espirituais indígenas" (Laraia, 2005, p. 8). Em português atribuiu-se o nome *pajé* a essa autoridade religiosa que exerce funções de sacerdote, curandeiro e adivinho. Seus rituais, cantos e danças particularizavam referências ao Sol e à Lua como protetores das colheitas, da puberdade, da procriação.

Como dito, embora possa existir certa unidade em seus rituais, o xamã procedia de diferentes formas, na sua escolha como líder religioso. Em alguns casos, constatava-se a hereditariedade, em outros não. Acredita-se que em sua escalação, o candidato deveria ser dotado de um dom desenvolvido no decorrer de seu aprendizado. Pode-se entender também o xamã como pajé que tem a capacidade de controlar e efetuar curas através dos espíritos, que em certos casos causavam nos humanos doenças ou lhes concediam bênçãos. Sua forma ritualística é marcada por uma série de danças e músicas que embalam a preparação para a realização da cura nos casos de doenças. O ritmo é preparado e a atenção da aldeia se volta para esse momento religioso com grande respeito e temor.

A presença do pajé é indispensável na estrutura indígena, seja ela social, política ou religiosa. A sabedoria do pajé é dada por sua experiência e, sobretudo, por saber ouvir os espíritos que o conduzem à distribuição da vida. Ratificando que, com a enorme dispersão dos tupi-guaranis pela imensa área geográfica do Brasil, é difícil ter precisão sobre o assunto, mas é interessante salientar a noção de alma para certas culturas indígenas. Para a alma do homem vivo, o termo usado é *owera*. Aos espíritos dos mortos, utiliza-se a palavra *asonga*. Os *asonga* podem interferir nos sonhos dos vivos; são vistos nas florestas, e, quando têm corpo humano, podem trazer doenças. Eles não vagam eternamente na terra, podem alcançar o "céu" através da *itakuara*.[4]

De fato, toda a exposição para o conhecimento de alguns traços da religião indígena é uma fonte de memória e conhecimento. São diversos os rituais e as explicações para sua crença. Alguns grupos indígenas acreditam que não são somente os seres humanos que possuem espírito, mas todos os seres – animais, vegetais e minerais.

Toda a vida religiosa dos indígenas é uma comemoração. O homem constantemente deve-se lembrar do seu contato com a Mãe-Terra e tudo o que ela fornece.

Por fim, os traços que marcam essa presença imprescindível para esses povos, no essencial, consistem em evocar periodicamente o acontecimento primordial que fundou sua condição humana atual. Toda a vida religiosa dos indígenas é uma comemoração. O homem constantemente deve-se lembrar do seu contato com a Mãe-Terra e tudo o que ela fornece. O ritual que os índios seguem demonstra esse contato. Sua religião, portanto, é o contato primeiro para entender sua própria existência e sua participação no mundo.

---

4 Segundo Laraia: "utiliza-se a palavra 'céu' para indicar o local onde vivem as almas dos antepassados e herói mítico e principal ancestral, Mahyra. Existe a divergência a respeito desse local: os suruís e os assurinis referem-se a uma região acima das nuvens, a que se chega através da *itakuara*. Os guaranis preferem se referir a uma 'terra sem males'" (2005, p. 10).

4.6.3 A mitologia indígena

Os indígenas creem em diversas divindades que sempre se encontram vinculadas aos mitos. O mito também veicula ideias que comportam as expressões de gênero. Para o povo desana, por exemplo, que habita entre os Rios Tiquié e Papuri, no Amazonas, o mito de origem do mundo e da humanidade conta que no princípio não havia nada, que a mulher se fez por si só e a partir dela se fizeram todos os seres.

Um exemplo disso é o mito das Cataratas do Iguaçu. Citando Leonardo Boff, Schlogl (2010) afirma que os índios caingangue contam como diferentes animais e aves ressurgiram após um grande dilúvio. Após o dilúvio sobreviveram apenas alguns poucos índios dessa nação que ficaram sozinhos e tristes sem os companheiros animais, sem o canto das aves e suas cores que tanto lhes agradavam. Muito suplicaram ao Grande Espírito para que ele povoasse novamente a terra com outras formas de vida, tão preciosas para eles. Um dia suas súplicas foram ouvidas e o Grande Espírito fez descer à terra um herói antigo. Ele deveria proferir o nome de cada ave e animal, e ao recitar também descreveria o comportamento de cada um deles, dar-lhes-ia identidade e realidade. Tomando em suas mãos cinza e carvão, recolhidos da primeira fogueira feita pelos caingangue, e também orvalho da manhã para dar liga aos elementos, ele começou a modelagem e o entoar mágico das palavras. Sua primeira obra foi a onça, a grande senhora das florestas, e depois foram seguindo um a um os outros animais, cada um recitado e modelado de modo a restaurar-lhes seu espírito completamente. Também ensinou à sua criação todos os sons de sua sabedoria primitiva, o urro da onça, o canto do uirapuru etc. Assim todos recuperaram a integridade, a beleza, a força, a sagacidade, a agilidade e a sabedoria. As pessoas não estariam mais sozinhas (Schlogl, 2010).

Existem diversas formas de compreender os mitos. Conforme Subash Anand (2004, p. 38), "O mito é uma narrativa fechada e uma narrativa aberta. Fechada por pertencer à narrativa oral de uma comunidade e aberta para possibilidade de recriação". O mito sempre revela a sacralidade absoluta da criação. Desvendando e narrando a obra criadora, e descreve de forma simbólica com questionamentos dramáticos. Cada mito mostra como uma realidade veio à existência, seja ela o mundo, seja o ser humano. Narrando como as coisas vieram à existência, como o homem e a mulher foram criados, o mito explica e responde indiretamente a questão filosófica: Por que eles vieram à existência? Assim, contando como nasceu algo se revela a majestade do sagrado e do próprio papel que desempenha a religião. Assim como outras religiões, a indígena tenta responder às mesmas necessidades e desempenha o mesmo papel.

Dessa forma, percebemos que toda a religiosidade indígena está intimamente vinculada à natureza. Os índios, nas **pinturas ritualísticas**, não estão se embelezando apenas; o principal em suas pinturas é realizar a mística de participação da alma do índio com a alma da natureza, a fim de que suas características se fundam. A construção dos rituais está condicionada ao sistema de vida que os diversos grupos tiveram de adotar, conforme o ambiente em que viveram: a de simples colhedores, em plena floresta tropical; a de caçadores, nos cerrados; e a de incipiente agricultura nas regiões mais férteis. Os mitos e os ritos indígenas recriam, diariamente, essas relações e estabelecem os espaços como elementos sagrados, bem como sacralizam, também, todas as complexas formas de existência que nele habitam.

Síntese

As tradições afro-brasileiras e indígenas são as tradições específicas do Brasil, que carregam uma visão e um caráter específico em suas abordagens. Enquanto o candomblé se apoia para construir seu conteúdo religioso na cosmovisão africana, a umbanda elabora sua doutrina a partir da compilação dos saberes de diversas tradições religiosas. Os indígenas, por sua vez, apesar de encontrarem suas raízes distantes na Ásia, elaboraram sua cosmologia e mitologia ao longo do processo de adaptação à região florestal e outras regiões do Brasil.

Neste capítulo, tratamos as tradições afro-brasileiras e indígenas. Apresentamos, em um primeiro momento, o contexto da diáspora africana às Américas e, especificamente, ao Brasil. Os povos africanos foram trazidos para cá forçosamente. Sendo escravizados, precisaram se adaptar ao novo lugar e, também, adaptar suas cosmovisões religiosas. Dessa fusão nasceu a tradição candomblé, uma tradição originária do Brasil. Já a umbanda teve menos impacto da cosmovisão africana, porém recebeu influências de outras tradições e, assim, apresenta-se hoje mais como uma atitude filosófica, reconhecendo a doutrina de outras religiões. O complexo universo cosmológico dos indígenas é alicerçado na realidade florestal que exige uma relação íntima com a natureza, reconhecendo a presença dos espíritos como divindades.

Indicações culturais

CANDOMBLÉ e umbanda. Disponível em: <https://www.youtube.com/watch?v=HpeJPx9bb0U>. Acesso em: 7 dez. 2018.

Esse vídeo trata do estudo antropológico do conceito, da origem e dos rituais do candomblé e da umbanda, fazendo um apanhado sobre as duas tradições afro-brasileiras.

Atividades de autoavaliação

1. Dois grupos principais foram trazidos da África ao Brasil no processo da diáspora. São eles:
   a) Hutu e Tutsi.
   b) Burundi e Congo.
   c) Nagô e Banto.
   d) Tupis e Guaranis.
   e) Caigangues e Jês.

2. Leia as proposições a seguir:
   I. Os orixás são forças da natureza no candomblé.
   II. Os orixás são forças dos anjos na umbanda.
   III. Os orixás são os ancestrais divinizados na umbanda.
   IV. Os orixás são forças da natureza e também as forças do interior no ser humano no candomblé.

   Está correto o que se afirma apenas em
   a) I e II.
   b) I e III.
   c) II e III.
   d) III e IV.
   e) I e IV.

3. Identifique a afirmação que apresenta a cosmovisão indígena:
   a) Para os indígenas, a natureza é carregada de valor religioso; portanto, estar em sintonia com ela é base de sua cosmovisão.
   b) Para os indígenas, a natureza é carregada de um valor religioso; mas a cosmovisão vem dos anjos.
   c) Os indígenas creem em diversas divindades; portanto, natureza não é importante para construir sua cosmovisão.

d) Os indígenas contam com os mitos e não a natureza para construir a cosmovisão.
e) A cosmovisão indígena é pautada pelos valores materiais.

4. Marque a afirmativa correta sobre as tradições afro-brasileiras:
   a) Para as tradições afro-brasileiras, a crença na natureza é mais importante do que a ancestralidade.
   b) As tradições afro-brasileiras acreditam somente na pessoa de Jesus.
   c) Para as tradições afro-brasileiras os rios são mais importantes do que a ancestralidade.
   d) Para as tradições afro-brasileiras a ancestralidade é um dos elementos centrais na elaboração do conteúdo religioso.
   e) Nas tradições afro-brasileiras a musicalidade é o único caminho para o sagrado.

5. As duas tradições afro-brasileiras são:
   a) o candomblé e o cristianismo.
   b) o candomblé e a umbanda.
   c) a umbanda e o islamismo.
   d) o espiritismo e o hinduísmo.
   e) o xamanismo e a umbanda.

Atividades de aprendizagem

Questões para reflexão

Assista ao seguinte vídeo, que mostra um ritual de danças indígenas em uma tribo do alto do rio Negro na Amazônia. O ritual dos indígenas tem motivos específicos. Observe esse ritual de dança indígena e note alguns elementos específicos para comparar com o ritual de sua tradição. Na sequência, analise as diferenças e veja de que forma a região geográfica influencia na construção dos rituais das tradições religiosas.

> RITUAL indígena. Disponível em: <https://www.youtube.com/watch?v=z7CWhaaj3sc>. Acesso em: 7 dez. 2018.

1. Como você vê os rituais indígenas e seu significado para o contexto atual da sociedade?
2. Considerando o vídeo a que você assistiu, qual é a importância da dança nos rituais indígenas?
3. Liste grupos indígenas do Brasil.

Atividade aplicada: prática

1. Faça uma visita cultural e religiosa com um grupo de colegas a uma aldeia indígena e observe o espaço sagrado deles. Depois note os elementos específicos desse espaço sagrado e dialogue no grupo. Em um segundo momento escreva em uma folha as observações que foram feitas e partilhe na sala de aula com todos os outros alunos.

5
Origem do cristianismo e suas ramificações

O cristianismo surgiu na região semiárida da Palestina, região pedregosa, com pouca vegetação ao redor do Mar Morto e do Mar da Galileia. A tradição nasceu como um movimento liderado por Jesus dissidente do judaísmo. Tratava-se de uma ruptura que tinha como objetivo purificar a antiga tradição judaica, introduzindo novos elementos libertadores. Dessa forma, o cristianismo, embora carregue muitos elementos da antiga tradição, mantendo como herança o Antigo Testamento, instituiu novidades. Os cristãos veem o fundador como o Filho de Deus, enviado como Salvador e construtor da história com os seres humanos. Na fase inicial, o cristianismo era muito simples, mas, ao longo dos séculos, os cristãos têm se dividido por divergências, desencadeando a criação de muitas Igrejas distintas. Na atualidade, os maiores ramos do cristianismo são a Igreja Católica, a Igreja Ortodoxa Oriental, Igrejas Protestantes e as Igrejas Pentecostais.

5.1 Origem do cristianismo

O cristianismo teve início há cerca de 2 mil anos com o Ministério de Jesus e seus seguidores escolhidos por Ele, os Doze Apóstolos. Nasceu no século I d.C. na região da Palestina, atual Israel, tendo Jerusalém como seu centro de difusão. Trata-se de uma religião monoteísta, fundamentada nos ensinamentos de Abraão e seus descendentes, que foram aperfeiçoados por Jesus Cristo, nascido na cidade de Belém, na Judeia (Palestina).

Portanto, ser cristão significa engajar-se na obra redentora de Cristo, tendo como base a fé em seus ensinamentos. Pode-se identificar no cristianismo um conjunto das confissões de fé no uso litúrgico, dos movimentos das pessoas que reconhecem em Jesus de Nazaré o Cristo, o Filho de Deus ressuscitado de entre os mortos, o Senhor e o Salvador dos homens. Trata-se de uma religião fundamentada na Trindade, ou seja, em um Deus Uno no qual se acham reunidas três pessoas divinas: o Pai, o Filho e o Espírito Santo.

5.1.1 Nascimento da Igreja

A Igreja (*ekklesia*, em grego) originou-se do rompimento com a tradição judaica, o que Karl Rahner (citado por Bevans; Schroeder, 2011) associa ao profundo desdobramento teológico do Conselho de Jerusalém (49 d.C.), em que o cristianismo passou de uma simples seita judaica a uma religião greco-romana dos gentios. Um grupo de 12 discípulos foi escolhido por Jesus, para dar continuidade à proposta original de estabelecer o Reino de Deus, que significa bem-estar de todos, em todas as dimensões. Os 12 seguidores o chamaram de *Messias*, o libertador de Israel. A perseguição por parte da classe dominadora de Israel e a morte na cruz do fundador criaram uma profunda decepção. No entanto, a surpreendente ressurreição no terceiro dia após sua morte deu impulso adequado aos 12, que acabaram organizando, formulando e partilhando a experiência da vida, morte e ressurreição de Jesus na sociedade, dando o nascimento real ao cristianismo.

Nessa época, a Judeia se encontrava sob a dominação de Roma, portanto havia revoltas constantes entre os nativos judeus contra a dominação estrangeira. Diversos grupos foram formados, para defender a pátria e a religião, mas, por fim, foram subjugados, definitivamente, pelos romanos em 70 d.C., passados 40 anos de morte de Jesus, com a destruição do Templo de Jerusalém, e a maior parte deles foi para Antioquia, a cidade mais importante da região, em razão de sua localização estratégica também para o comércio. Esses judeus encontravam-se divididos em dois grupos: judeus tradicionais e judeus seguidores de Jesus. Mais tarde, em 85 d.C., no Concílio de Jamnia (Antioquia), houve o rompimento definitivo e então nasceu a organização específica da Igreja.

5.2 Rumos da difusão

Com a expulsão dos cristãos de Antioquia e de Jerusalém, desencadeou-se a missão itinerante. A passagem da língua aramaica para a língua grega e o apostolado de Paulo contribuíram para a formação do cristianismo helenista. Este logo tomou forma e consistência, graças ao desenvolvimento de uma teologia bem-formada e fundamentada no pensamento grego. Assim, formaram-se quatro vertentes na difusão do cristianismo: a primeira foi em direção à Roma, o caminho escolhido por Pedro e Paulo, passando por Turquia e Grécia; o segundo caminho, escolhido pela maioria dos apóstolos, foi rumo à Ásia Menor e, posteriormente, ao Leste Europeu e à Rússia; o terceiro foi em direção ao norte da África, do mundo mediterrâneo, chegando até o Marrocos e, mais tarde, ocupando Portugal e Espanha, e, finalmente, o caminho do Extremo Oriente, escolhido por São Tomé, que trilhou o caminho das especiarias, e Bartolomeu, que buscou o caminho da seda (Andrade, 2017, p. 85).

Ao longo de três séculos, o cristianismo elaborou e assumiu três características específicas: **teologia grega**; **estrutura romana** e **expressão litúrgica europeia**. Esses três pilares tornaram-se parte central da tradição cristã ocidental. Entendemos que, depois de 300 anos do seu nascimento, a tradição cristã tornou-se a religião dos países. O primeiro país a se tornar cristão foi a Armênia, em 301. Outros países que acompanharam o processo foram Etiópia, na África, em 325, e a Geórgia, em 337. Apesar da conversão do Imperador Constantino em 315, o Império Romano se tornou cristão somente no ano 380, o que se deve a fatores históricos. Rapidamente, a doutrina cristã se espalhou pela região do Mediterrâneo, região de intenso comércio, e assim acabou chegando ao coração do Império Romano.

Em virtude da conversão do Imperador Constantino ao cristianismo, todo o Império Romano se cristianizou no século IV; o cristianismo também se romanizou enormemente. Até então, o cristianismo vivia nas catacumbas, locais onde eram celebrados todos os atos religiosos e onde se aprendia a catequese preliminar. Agora, com a nova circunstância histórica, a religião da submissão se tornou a religião da dominação. Deu-se início à emergência de um papado soberano, em uma perspectiva mais ampla: se o cristianismo contribuiu para fazer da Europa o que ela é, a Europa igualmente contribuiu para fazer do cristianismo o que ele é (Maalouf, 2011). A superioridade do conteúdo e a consequente elaboração do poder dominante, em todas as esferas, ao longo dos séculos, foram possíveis causas das divisões do próprio cristianismo, iniciado com o arianismo e o nestorianismo e mais tarde com o Cisma e a Reforma Protestante.

5.3 Primeiras divergências

As divergências no cristianismo começaram quando a Igreja de Roma passou a organizar e comandar toda a atividade missionária e evangelizadora da Igreja. Além disso, o papado com cunho mais administrativo dominou as formulações dos conteúdos de dogmas e doutrinas. As Igrejas de Ásia Menor tinham seu próprio modo de compreender e desenvolver o conteúdo. Dessa fricção surgiram duas correntes: o arianismo e o nestorianismo.

5.3.1 Arianismo

O arianismo vem de Arius, ou Ário, um padre e professor cristão de Alexandria do início do século IV que afirmava que o Cristo era essência intermediária entre a divindade e a humanidade, negava-lhe o caráter divino e ainda desacreditava a Santíssima Trindade.

A compreensão do Arius era defender a ideia de que Jesus foi criado por Deus como o primeiro e mais importante gesto da criação. Assim, percebe-se que o arianismo é uma crença que afirma Jesus como um ser criado por Deus, mas com qualidades divinas. Portanto, nessa visão, Jesus era meramente humano e não divino em Si mesmo. Afirmando a pessoa de Jesus apenas como filho de Deus, um ser superior ao homem, o arianismo mantinha um monoteísmo absoluto. O contexto histórico – teológico da Igreja nos primeiros quatro séculos – era de preocupação nos processos de discussão de suas doutrinas e dogmas.

O assunto principal da época era a existência da Trindade, ou seja, o mistério de Deus Uno e Trino ao mesmo tempo.

A maior parte dos Padres do Deserto se encontrava em Antioquia e Alexandria. Entre eles estava Santo Atanásio de Alexandria, uma figura-chave que apontava a ideia do Arius como heresia e que resumia sua defesa da divindade de Jesus desta forma: "Deus é Pai apenas porque é o Pai do Filho. Assim o Filho não teria tido começo e o Pai estaria com o Filho eternamente. Portanto, o Filho seria o filho eterno do Pai, e o Pai, o Pai eterno do Filho" (Jivago, 2018). Posteriormente, no Concílio de Niceia, o pensamento de Arius foi rebatido e, aproximadamente depois de um século de discussões, a doutrina do arianismo foi vista como heresia e seus pensamentos foram considerados dissidentes da doutrina cristã. Como Arius exercia uma influência muito grande na Ásia Menor viu-se surgir uma clara divisão na Igreja.

5.3.2 Nestorianismo

Nestório, um monge da Síria, quando se tornou Patriarca de Constantinopla, apresentou as divergências entre a humanidade e a divindade de Cristo com certas argumentações. Nestório denegava a ideia de que o nascimento de Deus (*theotokos*) teria acontecido por intermédio da Virgem Maria. Como representante da escola de Antioquia, ele se opunha à mistura das naturezas humana e divina de Cristo, afirmando que a criatura (Maria) não teria dado à luz o incriável (Cristo – Deus). Para ela a Palavra veio, mas não nasceu dela, assim ele trocou *Theotokos* pela palavra *Christotokos*, atribuindo características humanas a Cristo.

Cirilo de Alexandria apresentou argumentos sólidos contra a posição de Nestório. A disputa entre eles, centrada na relação entre as duas naturezas em Cristo, representa a divergência entre as duas maiores escolas da cristologia antiga, de Antioquia e Alexandria. São Cirilo afirmou a redução das naturezas humana e divina de Cristo, Nestório considerou o Cristo como duas pessoas, uma humana e outra divina, rejeitando essa união.

É interessante notar que nesse período com o poder absoluto da Igreja de Roma, o Papa Celestino em 430 condenou o monge Nestório. No Concílio de Éfeso, em 431, o bispo foi deposto e enviado ao mosteiro de Antioquia. Como Nestório era monge de importância na região da Ásia Menor, foi enviando ao Egito, para reduzir sua influência, e faleceu provavelmente no ano 451. É relevante observar que um grupo de seus seguidores constituiu uma Igreja nestoriana, que se tornou mais influente abrindo o caminho tanto para China como para a Índia, tendo sua base separada na Pérsia.

5.4 Cisma da Igreja

Em 1054, após o patriarca Miguel Cerulário de Constantinopla ser excomungado pelo papa de Roma. Consequentemente, com essa decisão, Cerulário proclamou a separação oficial entre as duas igrejas. A Igreja Oriental considerava que Roma havia se afastado das pregações originais de Jesus Cristo. Essa atitude foi o ponto de partida para o surgimento da Igreja Ortodoxa ou Igreja Católica do Oriente, com sede em Constantinopla, separando-se definitivamente da Igreja Católica Apostólica Romana, sediada em Roma.

O Cisma da Igreja é o nome dado a essa divisão, ocorrida em 1054, entre a Igreja liderada pelo papa, em Roma, e a Igreja conduzida pelo patriarca, em Constantinopla (antiga Bizâncio e atual Istambul, na Turquia). O conflito que levou ao Cisma foi resultado da ausência de diálogo e da visível divergência entre as práticas litúrgicas desenvolvidas pelas duas correntes da mesma Igreja. De fato, as duas correntes disputavam o poder político e o poder econômico em duas regiões: mediterrânea e Ásia Menor.

Antes da divisão, cada Igreja tinha seu território para exercer sua autoridade. Em Roma, o papa exercia o poder no continente europeu como autoridade máxima, enquanto a Igreja Ortodoxa tinha duas regiões para exercer o poder com duas autoridades. Assim, um patriarca em Alexandria estendia sua autoridade até ao Egito, e outro patriarca em Constantinopla tinha autoridade na região bizantina. Posteriormente, no século VII, o patriarca de Alexandria perdeu sua importância e autoridade na região devido à dominação do Império Muçulmano.

A divisão dos impérios resultou, no plano religioso, em um paulatino afastamento entre a concepção doutrinária das duas vertentes do cristianismo. Na igreja cristã de Constantinopla surgiram algumas práticas religiosas consideradas heréticas pelo Ocidente por ir contra a fé estabelecida. Eram as práticas dos monofisistas e dos iconoclastas.

A doutrina monofisista afirmava que Jesus Cristo tinha uma existência unicamente divina que era contrária à visão teológica da Igreja ocidental, que, por sua vez, afirmava a natureza humana e divina de Cristo. Contrariava ainda o dogma católico da Santíssima Trindade (Pai, Filho e Espírito Santo) como representação de Deus. Já o movimento dos iconoclastas caracterizava-se pela oposição à adoração de imagens, levando-os a destruírem os ícones religiosos, e apontando nesse sentido para uma percepção religiosa de caráter mais espiritual. Tais posições distanciavam-se do cristianismo pregado pelo papa em Roma.

A Ásia Menor era uma região de novidades no campo da espiritualidade e da doutrina por ser uma região bastante diversificada em todos os sentidos. Como observamos anteriormente, nessa região surgiram divergências desde os primeiros séculos da tradição cristã, as quais eram vistas como heresias. As heresias foram aceitas pelas autoridades cristãs de Constantinopla, com intuito de não perder os fiéis e, ao mesmo tempo, manter a unidade do Império Bizantino. Nesse momento, o que importava era a assimilação de características religiosas dos povos da Ásia Menor mais ligados à espiritualidade.

Era evidente que as heresias causavam instabilidade em diversos ramos, de acordo com a forma como eram divulgadas. Por vezes, elas levavam os imperadores de Roma a intervirem na estrutura administrativa da Igreja de Constantinopla. Essa prática ficou conhecida como Cesaro-papismo, que se trata de uma dominação da Igreja romana sobre a Igreja de Constantinopla. O objetivo era administrar os conflitos decorrentes das heresias e manter a unidade do Império e da Igreja.

Nos séculos posteriores, as divergências foram se agravando e diferenças se tornaram mais nítidas, causando uma crise entre duas autoridades. Essa crise chegou a tal ponto que, em 867, o imperador bizantino que dominava a Igreja de Constantinopla deixou de lado a autoridade da Igreja de Roma, tanto do papa como a do imperador, em virtude da independência e também para atender as múltiplas divergências que vigoravam na Ásia Menor. Assim, as relações foram amargas entre duas Igrejas que acabaram condenando uma a outra, causando excomunhão mútua em 1054. Houve perdão mútuo somente no Concílio Vaticano II (1962-1965), acabando com as excomunhões mútuas.

5.5 Reforma Protestante

Outro fenômeno ocorrido no cenário da Igreja foi um protesto interno de um monge agostiniano, Martinho Lutero, no início do século XVI. Abraçando as ideias dos pré-reformadores, ele começou a lutar contra as indulgências e pregou as 95 teses na porta da Catedral de Wittenberg, na Alemanha. Assim, parece ter feito um convite aberto à discussão eclesiástica propondo uma reforma no catolicismo romano, a qual deu início à Reforma Protestante. Interessante notar que Lutero foi apoiado por vários religiosos e governantes na Europa provocando uma revolução religiosa que mais tarde se espalhou por Suíça, França, Reino Unido e outros países.

Lutero, nas suas 95 teses, lembra que a prática das indulgências era tradicional e significava o perdão dos castigos corporais impostos pela Igreja como sinal exterior da verdadeira contrição. Portanto, não havia relação com a salvação da alma e menos ainda com a liberação da alma do Purgatório. As indulgências eram praticadas desde o século VII e a prática da comutação do castigo corporal em penas pecuniárias estava em conformidade com as regras de perdão do Direito Romano. A venda de indulgências era uma prática legítima da Igreja e foi necessária para o processo da cristianização da Igreja. No entanto, como afirma Alexandre Vianna,

> no início do século XVI, o sistema das indulgências tornara-se uma grande rede de negócio: envolvia vastas somas de dinheiro e de interesses financeiros internacionais. Para a Cúria Romana, a venda tornara-se uma fonte de rendimento regulares e extraordinários, uma base de assentamento de empréstimos. (Vianna, 2017, p. 42)

A Igreja encontrava-se entre a cruz e a espada e não sabia dialogar adequadamente. A proposta de Lutero agradou muitos reis da região, principalmente na Alemanha, onde estavam descontentes com as taxas da Igreja e acolheram a proposta, rompendo definitivamente com a Igreja Romana.

5.5.1 Pré-Reforma

Os séculos XV e XVI foram de bastante tumulto na Europa em virtude dos avanços no descobrimento dos caminhos marítimos. Essas novidades também tumultuaram a igreja e caracterizaram o período da Pré-Reforma, servindo de bases ideológicas para as 95 teses de Lutero. A pré-Reforma parece ter suas raízes no movimento de valdenses, um grupo formado por Pedro Valdo, um rico comerciante da França que se converteu ao cristianismo. Ele apoiou a tradução da Bíblia para a linguagem popular, tirando a autoridade do sacerdote, negando a supremacia de Roma e rejeitando as imagens nos cultos.

Mais tarde, no século XIV, no Reino Unido, John Wycliffe levantou diversas questões sobre controvérsias que envolviam a Igreja Católica Romana. Ele parece ser precursor da Reforma Protestante. Formado em Teologia na Universidade de Oxford, criticou a corrupção na Igreja, a venda de indulgências, condenou o Papa pela obsessão pelo poder e pelo dinheiro. Ele queria o retorno da Igreja à primitiva pobreza dos tempos apostólicos, algo que, na sua visão, era incompatível com o poder político do papa e dos cardeais, e ainda pregava que o poder da Igreja devia ser limitado às questões espirituais. Lutero, como professor e biblista, consolidou o descontentamento geral da Europa apresentando sua indignação a partir das teses. Assim, teve o apoio político na Alemanha.

5.5.2 Razões políticas da Reforma

A Reforma recebeu apoio social e político nos tempos iniciais, embora tenha sido motivada primeiramente por razões religiosas. Na Alemanha, os conflitos políticos entre autoridades da Igreja

Romana e governantes das monarquias eram visíveis, pois estes desejavam para si o poder espiritual e ideológico da Igreja e muitas vezes queriam assegurar o direito divino dos reis. Outra razão que se tornou muito evidente foi o desejo de altos lucros econômicos por parte da burguesia, o que parecer ter sido atendido pela ética protestante e pelo conceito de Lutero de que o homem é justificado pela fé, sem as obras da lei. Outros príncipes queriam ficar livres da tributação papal, sabendo que a Igreja era a mais rica instituição do mundo. Esses pequenos príncipes ansiavam se apossar das terras da Igreja.

Depois da publicação das 95 teses de Lutero, surgiram debates entre os teólogos da Igreja. A Igreja de Roma abriu processo contra Lutero em 1518, acusando-o de heresia. Em junho de 1520, o papa oficializou a excomunhão de Lutero no escrito Exsurge Domini e, em janeiro de 1521, na bula Decet Romanum Pontificem. Para conter a expansão da Reforma, surgiram duas correntes religiosas: as carmelitas da natureza contemplativa e os jesuítas da natureza intelectual para defender a Igreja da Reforma Protestante. Apoiando esses movimentos, a resposta da Igreja foi a convocação do Concílio de Trento como Contrarreforma. Assim, finalmente aconteceu a divisão nítida na Igreja de Roma: os católicos romanos e os reformados ou protestantes, dando origem definitivamente ao protestantismo.

Depois dessa ruptura, toda a Europa avistou o surgimento de diversos movimentos protestantes. O movimento calvinista na Holanda e o movimento anglicano na Inglaterra nasceram em contextos específicos. Ao longo dos séculos, protestantes e católicos trabalharam de forma conjunta, especialmente se tratando das atividades missionárias nos países colonizados. Houve tentativas para estabelecer o diálogo entre dois grupos, como foi o caso do encontro de Edimburgo, que aconteceu em 1910, marco inicial do diálogo ecumênico entre os dois grupos cristãos.

5.6 Pentecostalismo

Nascido nos Estados Unidos e, posteriormente, difundido pelo mundo, tendo hoje grande número de adeptos também no Brasil, o pentecostalismo é um movimento moderno considerado um fenômeno revolucionário do século XX pelos estudiosos da religião. É interessante notar que, na história da Igreja, esse é o fenômeno do despertar em várias ocasiões diferentes, conforme as necessidades de manifestação de Deus nas formas sobrenaturais. O movimento pentecostal surgiu como um dos reavivamentos – o termo indica o derramamento do Espírito Santo, semelhante à manifestação descrita nos Atos dos Apóstolos (At 2,1-4). Nascido nos Estados Unidos e, posteriormente, difundido pelo mundo, tendo hoje grande número de adeptos também no Brasil, o Concílio do Vaticano II conceituou-o como aggiornamento, que significa "rejuvenescimento, transformação ou reafirmar a presença da Igreja nos tempos modernos". Avivamento é, acima de tudo, a manifestação de Deus no meio do povo, através do Espírito Santo, com a finalidade de renovar, reavivar e despertar a Igreja sonolenta e acomodada. Conforme John Stott (2000), avivamento é como "uma visitação inteiramente sobrenatural do Espírito soberano de Deus, pela qual uma comunidade inteira toma consciência de Sua santa presença e é surpreendida por ela". Devemos compreender que avivamento é o cumprimento da Promessa de Deus feito em Joel, capítulo 2, e a resposta da oração, inspirada pelo Espírito Santo, do profeta Habacuque (3,2), que dizia: "aprendi a respeitar tuas obras, Javé. Ao correr dos anos, faze-a reviver".

5.6.1 Origens do pentecostalismo

A rigor, o movimento distinto do pentecostalismo surgiu entre o final do século XIX e o início do século XX. Por alguns anos se manteve modesto e limitado ao território nacional dos Estados Unidos. No entanto, espalhou-se além das fronteiras a partir do fenômeno do Avivamento ocorrido em 1906, em Los Angeles (EUA), na Rua Azusa, caracterizado pelo batismo evidenciado pelos dons do Espírito Santo. Depois de certo tempo, vários grupos semelhantes foram formados em muitos lugares nos Estados Unidos, mas, com o rápido crescimento do movimento, o nível de organização também cresceu até o grupo denominar-se *Missão da Fé Apostólica da Rua Azusa*. Com base nessa experiência, houve um despertamento espiritual, que veio a se tornar conhecido nas denominações evangélicas como *movimento pentecostal* e, na Igreja Católica, como *movimento carismático*.

Os pentecostais caracterizam-se por uma ruptura histórica eclesial. Certas formas são protestantes porque negam a continuidade da Igreja. Talvez o pentecostalismo seja o movimento que mais influencia as manifestações de religiosidade na atualidade. Nas últimas décadas, em muitos cantos do mundo, a maioria das Igrejas que mais crescem é de matriz pentecostal.

O pentecostalismo encontra sua base na doutrina de John Wesley. O fundador do metodismo afirmava que o homem devia, após a justificação, dedicar-se à santificação. Com base nessa ideia, os evangélicos e teólogos que também faziam parte do movimento de santificação (*holiness*), nascido em solo norte-americano em meados do século XIX, fortaleceram a dimensão da santificação. Esse movimento separou-se dos metodistas carismáticos, distinguindo conversão de santificação e denominando a última de *batismo do Espírito Santo*. Entre 1880 e 1923 parecem ter surgido cerca de 200 denominações (grupos de oração) nos Estados Unidos, que praticavam o batismo do Espírito Santo.

5.6.2 Pentecostalismo no Brasil

O fenômeno pentecostal chegou ao Brasil por volta do ano 1910 com a vinda de missionários norte-americanos de diversas denominações. O primeiro deles foi o presbiteriano Louis Francescon, que trabalhou com as colônias italianas nas regiões Sul e Sudeste do país. Esse trabalho resultou na fundação específica da Igreja Congregação Cristã no Brasil. A Igreja Assembleia de Deus foi fundada em Belém do Pará em 1911, pelos missionários batistas Daniel Berg e Gunnar Vingren logo após sua chegada à região. O pentecostalismo brasileiro nunca foi homogêneo. Por razões internas, é possível identificar três fases distintas.

Pentecostalismo clássico

A primeira Igreja pentecostal abrange as mais antigas denominações pentecostais, criadas na primeira metade do século XX. Essa vertente apresentou no Brasil uma tipologia norte-americana chamada pentecostalismo clássico, e é considerada o período de fundação e expansão. Nesse período, surgiram a Congregação Cristã no Brasil, no Sul, e a Assembleia de Deus, no Norte, que mais tarde se estabeleceu em todo o território nacional. Essas duas Igrejas deram importância à crença no Espírito Santo e ao sectarismo radical. A ideia era optar por uma vida radical ascética rejeitando todos os valores mundanos e defendendo a plenitude da vida no cumprimento da vida moral. Na atualidade, essa vertente rigorosa é representada pela Igreja Evangélica Assembleia de Deus.

Deuteropentecostalismo

A segunda fase, chamada de deuteropentecostalismo, iniciou-se com a Igreja do Evangelho Quadrangular, em 1951, com o missionário Harold Willians. Esse missionário fundou a Cruzada Nacional de Evangelização em São Paulo e dali percorreu todos os estados do Brasil. Seu trabalho era focado na cura divina e na evangelização das massas com a utilização dos meios de comunicação, como o rádio, contribuindo bastante para a difusão do pentecostalismo no Brasil. Nessa mesma época surgiram duas novas Igreja pentecostais autônomas: O Brasil para Cristo (1955) e Igreja Deus é Amor (1962), fundadas pelos missionários Manoel de Melo e David Miranda, respectivamente.

Neopentecostalismo

A terceira fase, iniciada nos anos 1980, pode ser resumida na "antopologização" total do fenômeno pentecostalista, tendo o homem como centro de tudo. Essas Igrejas foram fundadas por brasileiros oriundos da tradição católica fortemente influenciados por movimentos norte-americanos. Eles começaram suas denominações com características diferentes das duas vertentes anteriores. Na atualidade, essas Igrejas são mais fortes e seus principais representantes são a Igreja Universal do Reino de Deus, a Igreja Internacional da Graça de Deus, a Renascer em Cristo, a Igreja Mundial do Poder de Deus e a Comunidade Sara Nossa Terra. As igrejas neopentecostais utilizam intensamente a mídia eletrônica e os meios de comunicação para difundir sua doutrina, funcionam como empresas e pregam a **teologia da prosperidade**. Na atualidade, o neopentecostalismo constitui a vertente pentecostal mais influente e parece crescer vertiginosamente no Brasil, além de ter filiais no exterior em mais de 80 países.

Síntese

Neste capítulo, tratamos das linhas principais de divisão da Igreja. Ao longo de 2 mil anos, surgiram diversas ramificações; algumas tiveram fortes impactos, outras desapareceram da mesma forma que apareceram. Nosso objetivo foi mostrar que a existência de diferentes vertentes exigiu das igrejas mais consciência sobre a importância das relações ecumênicas para elaborar uma convivência adequada e, assim, elaborar uma teologia dialógica tanto para os estudos como para a compreensão da diversidade. Na atualidade, compreendemos que essas divisões apareceram no tempo certo para o amadurecimento da Igreja e também para uma purificação necessária. A Igreja de Roma depois do Protestantismo permaneceu como Igreja Católica Apostólica Romana. O nome *católica* significa "universal", não só do ponto de vista geográfico, mas também em sua abertura para a receptividade da mensagem cristã em qualquer cultura ou etnia. Em outras palavras, a mensagem de Jesus pode ser compreendida por todos em todos os territórios, independentemente da cultura ou da nacionalidade. Em sua aplicação a partir do século XVI, o termo foi usado para um grupo específico: aos fiéis e às instituições que reconhecem o primado do papa, líder religioso e político.

A Igreja nasceu do rompimento com as tradições judaicas, fornecendo novas ideias e dando continuidade ao judaísmo, apresentado como nova aliança instituída por Jesus. No entanto, o mistério da Igreja não é compreendido em sua plenitude de um modo definitivo enquanto formos, neste mundo, peregrinos na fé. De qualquer modo, mesmo tateando, a teologia busca explicitar esse mistério para dar razão às comunidades cristãs que na história se entendem como Igreja de Jesus Cristo.

O pluralismo na Igreja é uma das razões das dificuldades para compreendê-la. Toda a eclesiologia da tradição católica, por mais coerente que seja com sua tradição eclesial, apresenta uma lacuna de sentido que só será suprida se conseguir incluir experiências do Evangelho vividas para além da tradição eclesial concreta à qual ela se refere. A Igreja se divide em suas expressões conforme as doutrinas e as instituições das diferentes comunidades dos batizados. Foi sobre isso que tratamos, buscando evidenciar como a Igreja lidou com essa situação, dando novo espaço ao diálogo ecumênico.

Indicações culturais

HISTÓRIA: Reforma Protestante – definição e fatores. Disponível em: <https://www.youtube.com/watch?v=53dofGGKW5w>. Acesso em: 18 Dez. 2018.

Esse vídeo se refere à história da Reforma Protestante. O importante é perceber quais contextos levaram Lutero a pensar na Reforma da Igreja e de que forma ela foi apoiada pelos príncipes na Alemanha.

Atividades de autoavaliação

1. Sobre a origem do cristianismo, é correto afirmar que:
   a) esteve associada a um movimento liderado por Jesus dissidente do judaísmo.
   b) ocorreu sem ligações com o judaísmo.
   c) o cristianismo não tem foi fundado por Jesus, pois Ele nunca protestou contra alguém.
   d) esteve associada à tradição muçulmana.
   e) tem razões políticas.

2. As primeiras duas ramificações da Igreja são:
   a) protestante e Cisma.
   b) arianismo e nestorianismo.
   c) pentecostalismo e Cisma.
   d) e Igreja Universal Reino de Deus.
   e) catolicismo e judaísmo.

3. É correto afirmar que o resultado da Reforma Protestante foi:
   a) a divisão da Igreja do Ocidente entre católicos romanos e reformados, ou protestantes, originando o pentecostalismo.
   b) o Cisma da Igreja.
   c) a divisão da Igreja do Ocidente entre os católicos romanos e os reformados ou protestantes, originando o arianismo e nestorianismo.
   d) a divisão da Igreja do Ocidente entre os católicos romanos e os reformados ou protestantes, originando o protestantismo.
   e) a divisão entre protestantes e ortodoxos.

4. Quais são as três etapas sequenciais do desenvolvimento do pentecostalismo?
   a) pentecostalismo clássico, deuteropenecostalismo e neopentecostalimo.
   b) pentecostalismo clássico, reforma protestante e nestorianismo.
   c) deuteropentecostalismo, reforma dos valdenses e arianismo.
   d) o pentecostalismo constituiu-se em uma úncia etapa.
   e) deuteropentecostalismo, arianismo e movimento carismático.

5. Quais são as três Igrejas pentecostais do Brasil na atualidade?
   a) Igreja Universal do Reino de Deus, Igreja Internacional da Graça de Deus e Igreja Maranata.
   b) Igreja Universal do Reino de Deus, Igreja Internacional da Graça de Deus e Igreja Mundial do Poder de Deus.

c) Igreja Universal do Reino de Deus, Igreja Internacional da Graça de Deus e Igreja Mundial do Poder de Deus.
d) Igreja Universal do Reino de Deus, Igreja Anglicana e Igreja Presbiteriana.
e) Igreja Universal do Reino de Deus, Igreja Brasil para Cristo e Assembleia de Deus.

Atividades de aprendizagem

Questões para reflexão

Visite uma das igrejas de sua cidade, preferivelmente de uma tradição que não seja a sua. Observe sua construção e seus símbolos. Responda às questões a seguir:

1. Por que a sociedade precisa de igrejas ou de outros lugares sagrados?
2. O que de fato tocou você depois dessa visita?
3. Quais motivos levam as pessoas a visitar igrejas?

Atividades aplicadas: prática

1. Como desdobramento da visita à igreja que propusemos na atividade anterior, anote suas observações. Elabore um pôster com os elementos mais importantes percebidos por você.
2. Em um segundo momento apresente o pôster para colegas e proponha um momento de oração pelos fiéis da igreja que visitou, criando, assim, a unidade das igrejas a partir da fé.

6
Relações ecumênicas e inter-religiosas

"Nas coisas essenciais, a unidade; nas coisas duvidosas, a liberdade; em tudo, a caridade."

(Santo Agostinho)

O mundo atual cada vez mais rende-se aos apelos do movimento ecumênico e inter-religioso. Muito já tem sido feito pela unidade e harmonia entre os povos e especificamente entre os cristãos, mas há ainda um grande caminho a ser trilhado. Existe uma consciência entre os povos sobre a importância do diálogo entre as religiões para a paz mundial e a vivência harmônica entre os povos. Qual é a razão para essa preocupação? Como afirma Libânio (citado por Wolff, 2007, p. 9):

> Momento paradoxal: o chamado século da Igreja – século XX – iniciou-se cheio de esperanças no caminho da unidade das Igrejas cristãs e terminou com a consciência dolorida de não a ter realizado, para grande escândalo de uma sociedade que se pensa planetária, globalizada. Vive-se no momento o dilaceramento entre desejo e possibilidades, entre buscas e realizações, entre esperanças e frustrações em termos de sociedade e de Igreja. (Libânio, citado por Wolff, 2007, p. 9)

6.1 Clareando os conceitos

O fato é que, na atualidade, o pluralismo eclesial e religioso é ainda mais perceptível e a globalização é um dos fatores que potencializaram essa realidade. As religiões tradicionais têm assistido ao rompimento de clausuras étnicas, culturais e regionais. Novos grupos religiosos, cristãos ou não, tornaram-se fato social, com potencialidade para transformar as visões de mundo e modelar comportamentos.

> Eles são vistos em suas diferentes expressões, são ouvidos em suas diferentes preces, são tocados em seus símbolos, são experimentados em seus significados. Eles fascinam, atraem, surpreendem. Interpelam a consciência religiosa daqueles que não são seus seguidores, de modo que já não mais se pode ser indiferente à existência do centro religioso da esquina, o qual foi, por muito tempo, subestimado no seu potencial de congregar pessoas, formar convicções e orientar comportamentos. (Wolff, 2004, p. 6)

Na contemporaneidade, surgem constantemente novos conceitos referentes à experiência religiosa, o que demanda também a convivência harmônica entre povos diferentes, proporcionando uma possibilidade para o ecumenismo e o diálogo inter-religioso.

6.1.1 Ecumenismo, o que é?

O ecumenismo é um movimento fenomenologicamente cristão que procura combater o fanatismo e o radicalismo religioso e busca a comunhão universal da Igreja de Cristo. É um movimento que busca prevenir e eliminar divisões, principalmente quando surgem denominações cristãs com tendências sectárias. No princípio, Jesus instituiu uma Igreja; porém, por questões humanas e históricas, hoje existem várias; todas se apresentando como legítimas, cada uma trilhando um caminho muito singular, como se o próprio Cristo estivesse dividido. O fato é que ninguém nasce ecumênico ou sectário. Na vida aprende-se a ser uma coisa ou outra. O termo *ecumenismo* vem da palavra grega *oikoumene* e quer dizer "universalidade ou todos habitando na mesma casa". A raiz *oikos* significa "casa, lugar onde se mora, espaço habitável e habitado", e *oikoumene* designa o "mundo habitado, com toda a sua diversidade de povos, línguas, religiões e culturas". No grego clássico, *oikoumene* é um composto de várias expressões como indica Wolff (2004), as quais se encontram intrinsecamente vinculadas como:

O fato é que ninguém nasce ecumênico e ninguém nasce sectário. Na vida aprende-se a ser ecumênico e sectário. A palavra ecumenismo vem da língua grega – *oikoumene* – e quer dizer universalidade ou todos habitando na mesma casa. A raiz *oikos* significa casa, lugar onde se mora, espaço habitável e habitado, e *oikoumene* designa o "mundo habitado", com toda a sua diversidade de povos, línguas, religiões e culturas. No grego clássico, *oikoumene* é um composto de várias expressões que se encontram intrinsecamente vinculadas como:

- *oikos*: casa, vivenda, aposento, povo;
- *oikeiotês*: relação, aparentado, amizade;
- *oikeiow*: habitar, coabitar, reconciliar-se, estar familiarizado;
- *oikonomeô*: administração, encargo, responsabilidade da casa.

Posteriormente, quando a Igreja expandiu, o termo também recebeu uma pluralidade de significados que indicam outras realidades. Por exemplo, na dimensão religiosa, o termo expressa a relação do ser humano com o transcendente, indicando o caráter transitório da *oikoumene*, transformado na pessoa de Cristo. Mais tarde, essa ideia estendeu-se ao universo eclesiástico, no qual os concílios da Igreja chegaram a ser compreendidos como ecumênicos, razão pela qual os credos da Igreja Antiga eram denominados *credos ecumênicos*, motivados pelo diálogo entre os cristãos das diferentes igrejas em busca de unidade.

Assim, o termo *oikoumene* passou a receber conotações específicas a partir de sua associação com o conteúdo das motivações de indivíduos, grupos e instituições. Dessa forma esse termo já não mais designa "o mundo habitado", mas "o modo de habitar o mundo ou o grupo dos habitantes e suas ideologias"[1]. Tudo parte do respeito fraterno das Igrejas entre si, permanecendo fiel ao apelo de Cristo de que todos sejam Um. O ecumenismo apresenta-se como condição e expressão da comunhão, é elemento estruturante da identidade da Igreja. "Tal comunhão articula-se e explicita-se na vivência entre os que aceitam a Cristo e seu evangelho como fundamento da própria existência" (Wolff, 2007, p. 44).

6.1.2 Diálogo inter-religioso, o que é?

O diálogo inter-religioso aponta para uma comunicação e um relacionamento entre os fiéis de tradições religiosas diferentes, envolvendo partilha de vida, experiência e conhecimento. Essa comunicação propicia um clima de abertura, empatia, simpatia e acolhimento, removendo preconceitos e suscitando compreensão, enriquecimento e comprometimento mútuos e partilha da experiência religiosa. A palavra *diálogo* constitui uma aquisição fundamental legada do pensamento grego, em que encontram a presença de dois termos: *dia e logos*. Este

1 Para aprofundar o assunto conferir: Wolff (2004, p. 125-133).

último remete a múltiplos significados, mas especificamente indica o dinamismo racional do ser humano que é capacidade humana de pensamento e raciocínio. O termo *dia*, por sua vez, expressa uma dupla ideia: alude ao que separa e divide, mas igualmente à ultrapassagem de um limite.

Em suma, o diálogo é uma conversa entre pessoas de tradições diferentes, apresentando o melhor conteúdo para uma convivência harmônica entre si. Como afirma Teixeira e Dias (2008, p. 124),

> o diálogo autêntico traduz um encontro de interlocutores pontuado pela dinâmica da alteridade do intercâmbio e da reciprocidade. É no processo dialogal que os interlocutores vivem e celebram o reconhecimento de sua individualidade e liberdade, estando ao mesmo tempo disponibilizados pelo enriquecimento da alteridade.

Quando falamos de diálogo inter-religioso, tendemos a pensá-lo como um processo entre as várias religiões envolvidas em falar uma linguagem objetiva, e nos esquecemos de que, antes de tudo, ele é um intercâmbio entre fiéis. O que caracteriza o diálogo inter-religioso "é que a religião toca as camadas mais profundas das pessoas e grupos sociais, fala a língua do absoluto, suscita uma entrega tão intensa que as pessoas se prontificam a morrer em defesa de sua fé, e desempenha um papel interativo entre as estruturas sociais" (Amaladoss, 1995, p. 219).

No contexto da pluralidade, nas palavras de Michael Fitzgerald, *diálogo* significa: "todas as relações inter-religiosas construtivas e positivas com os indivíduos e comunidades de outros credos que são direcionadas para o entendimento mútuo e enriquecimento em obediência à verdade e respeito a liberdade". Nessa definição, nota-se que o diálogo inter-religioso é uma resposta à pluralidade religiosa.

6.2 Abertura da Igreja aos novos caminhos

Desde o seu nascimento, o cristianismo seguiu a proposta de Jesus "Ide e evangelizai" (Mt 28) e, com isso, assumiu os modelos distintos de atuação na história. No ano 313 houve o histórico e famoso Édito de Constantino, em que o imperador percebeu que era inútil perseguir o cristianismo e converteu-se, declarando-o como a religião do Império Romano. Até então os cristãos eram perseguidos, e oram obrigados a rezar escondidos nas catacumbas, mas a partir daquele momento assumia-se oficialmente um caminho ideológico para a expansão e dominação do Império Romano.

Ao longo dos séculos, a Igreja assumiu a condição dominante tanto no conteúdo como no poder; portanto, toda a atividade missionária se dirigia para o Batismo e para incorporar os outros para a tradição cristã, independente da cultura ou da religião a que pertenciam. A aliança entre a Igreja e o Estado, que durou mais de mil anos, gerou grandes divisões no cristianismo. No entanto, essa mesma Igreja amadureceu ao longo dos séculos e assumiu posturas diferentes, abrindo espaço para o perdão, o ecumenismo e o diálogo inter-religioso. Notamos a mudança principalmente em duas áreas: na construção do pensamento teológico e na passagem do exclusivismo ao pluralismo.

6.2.1 Construção do pensamento teológico

A linha de pensamento teológico contempla o caminho da Igreja ao longo dos séculos e a forma como acontecem as mudanças gradativas na teologia. Detectamos quatro estágios.

1. **Teologia dialética** – O proponente principal dessa teologia é o teólogo Karl Barth. Nesse corrente, entende-se que a revelação é o trabalho de Deus e que outros esforços são somente dos seres humanos. A revelação cristã é a única e verdadeira. O ser humano tem natureza pecaminosa, e outras revelações provenientes dos esforços humanos não são confiáveis. Portanto, a busca de outras religiões deve ser evitada e somente se deve confiar na Revelação, ou na Palavra de Deus.
2. **Teologia de cumprimento** – Seus proponentes são Jean Danielou, André de Lubac e Hans Baltazar. Eles afirmam que são necessárias atitudes positivas perante outras religiões. A salvação vem de Cristo, mas os valores de outras religiões podem ajudar os cristãos.
3. **História geral e história particular da salvação** – Os teólogos proponentes, Von Gard e Karl Rahner, afirmam que a história particular é incluída na história geral. O cristianismo é a história gera; portanto, as outras histórias são particulares e estão incluídas na história geral.
4. **Tendência sacramentária** – Schillebeeckx, motivador dessa ideia, afirma que existe uma unidade absoluta no plano de Deus. Jesus é sacramento de Deus e a Igreja é um sacramento de Cristo. Outras Igrejas e religiões se encontram relacionadas a esse sacramento.

6.2.2 Passagem do exclusivismo ao pluralismo

A atitude de abertura ao pluralismo se encontra no contexto do caminho da sociedade que se tornou definitivamente pluralista. O mundo moderno, como afirma Betiato (2000, p. 12), "navega por caminhos fragmentados, onde não existe mais uma verdade, mas sim, verdades em todas as esferas, que tomaram caminhos distintos e que no estágio atual chegam a ser contraditórias. Isto gera uma crise, uma crise de paradigma".

Alguns documentos da Igreja contribuíram para essa mudança de paradigma. A declaração *Diginitatis humanae* afirma, em seu parágrafo 2, que a liberdade religiosa é um direito da pessoa humana e um pressuposto da missão. "Os homens todos devem ser imunes da coação [...] de tal sorte que em assuntos religiosos ninguém seja obrigado a agir contra a própria consciência, nem se impeça de agir de acordo com ela" (Paulo VI, 2018). Apoiando esse raciocínio, o documento a declaração *Nostra Aetate* discute o ecumenismo e o diálogo intercultural e inter-religioso, afirmando que a Igreja Católica nada rejeita do que há de verdadeiro e santo em outras religiões. Ela considera com sincera atenção aqueles modos de agir e viver, aqueles preceitos e doutrinas. A partir desse pensamento, podemos detectar quatro etapas do processo gradativo da abertura da Igreja ao pluralismo religioso.

1. **Exclusivismo** – Somente minha religião é verdadeira, pois fora da Igreja não existe a salvação.
2. **Inclusivismo** – Minha religião é verdadeira e outras são parcialmente verdadeiras.
3. **Paralelismo** – Todas as religiões são verdadeiras, cada um tem que trilhar seu caminho.
4. **Pluralismo** – Cada religião é verdadeira, portanto todas se encontram no caminho da Verdade.

De tal modo, a Igreja abriu-se para um novo paradigma, mudando no seu jeito de ser e agir perante outras Igrejas, culturas e religiões.

6.3 Desenvolvimento histórico do movimento ecumênico

Relação ecumênica é um encontro e uma fé cristã enraizada profundamente no mistério da trindade, do Deus Uno e Trino, um Deus que é amor e comunhão. "Este é o modelo eminente para as relações humanas e o fundamento do diálogo", conforme afirmou o Cardeal Francis Arienze na carta que enviou aos bispos de todo o mundo sobre a espiritualidade do diálogo.

Sabemos que Deus comunicou-se com humanidade em vários momentos da história, mas, em um modo único, enviou seu próprio filho, Jesus Cristo. Ele, encarnando-se, assumiu tudo o que é positivo e, em sua *Kenosis* – aniquilamento –, esvaziou-se de si mesmo e solidarizou-se com o ser humano até o fim (Fl 2,5-8). O Cardeal Arienze afirmou em uma de suas palestras em Roma: "Quando os cristãos encontram outros crentes, são chamados a ter os mesmos sentimentos de Cristo, para seguir seus passos".

A busca pela unidade entre os cristãos sempre esteve presente em todos os esforços de fidelidade ao Evangelho em boa parte das Igrejas. Mesmo nos momentos álgidos de conflitos e divisões de cristandade, não faltaram iniciativas reconciliadoras preocupadas com a salvaguarda da unidade.

> A história da comunidade dos seguidores de Jesus é a história dessa luta incessante que atravessa os séculos e se dá sempre que determinadas formas culturais de manifestação da fé, dessa mesma comunidade absolutizam-se negando o valor e a autenticidade de outras expressões singulares da vivência evangélica. (Zwinglio citado por Teixeira; Dias, 2008, p. 20)

A abertura aos outros é parte da experiência vivencial entre pessoas diferentes. Com isso, as perspectivas mudam, na transição do intelecto ao coração, do diálogo à relação.

6.3.1 Trilhando o itinerário do movimento ecumênico

O movimento ecumênico emanou no ambiente protestante que posteriormente deu vias à formação das Igrejas Ortodoxas. Depois do Concílio Vaticano II, a Igreja Católica Apostólica Romana assumiu uma função em três eixos: missão, ação e doutrina. O movimento ecumênico moderno teve início no século XIX e representou o ponto de partida para a unidade entre as testemunhas de Jesus Cristo como elemento central da plena vivência dos valores essências do Evangelho.

Já na época do Apóstolo Paulo, registraram-se tentativas de movimentos ecumênicos, em resposta às divisões entre os cristãos de diversas regiões. Portanto, o ecumenismo remete aos tempos antigos, mas ele ganhou forças no século XX, especialmente em 1910, ano da Conferência de Edimburgo – uma tentativa óbvia da unidade cristã. E em 1948, ele realmente tomou forma, no âmbito dos protestantes, que desejavam unificar as Igrejas na missão. A Igreja Católica aderiu à ideia mais tarde.

Todos devemos, em primeiro lugar, mostrar certa simpatia por todas as formas de verdade, encontradas em qualquer lugar; isso quer dizer, devemos procurar a verdade em todas as formas de religião e tentar relacioná-la à verdade da nossa religião. Também nesse momento necessita-se de um profundo discernimento para aquilo que deve ser preservado e aquilo que deve ser rejeitado.

Busca da unidade

Ao longo dos anos, o ideal da unidade parece ter se consolidado no movimento ecumênico e nas Igrejas que dele participam, mas encontra divergências quanto ao modo de concretização.

> A primeira afirmação fundamental para nossa vocação ecumênica [...] é que devemos internalizar em nossa consciência que a unidade da Igreja não é acidental, nem sequer algo que possa ser reduzido à categoria de conveniente, mas essencial ao nosso ser como Igreja. Se nos falta a consciência de pertencer ao único Corpo de Cristo, nos falta algo essencial à nossa convicção cristã eclesial. (Castro, citado por Wolff, 2007, p. 221)

A busca da unidade se dá em dois âmbitos: na unidade orgânica e na unidade plural.

A **unidade orgânica** é o modelo antigo da unidade eclesial proposto pelo movimento ecumênico, apresentado pela primeira vez na Conferência Mundial da Fé e Constituição em Edimburgo, 1937. As Igrejas seriam convidadas a abrir mão da própria identidade confessional, fundidas em um único corpo, uma nova comunidade com um nome e identidade próprias. Isso implicaria renunciar elementos identitários que configuram a singularidade de cada tradição eclesial, incentivando a uniformidade na doutrina da fé, nos sacramentos, nos ministérios eclesiásticos, e numa estrutura organizacional homogênea.

A **unidade plural**, por sua vez, trata-se de uma *unidade na diversidade* e de uma *diversidade reconciliada*, expressões já consagradas pelo diálogo ecumênico, que permite a experiência multiforme do único Evangelho, mostrando a riqueza e a dinamicidade histórica da graça que atua para realizar o projeto de Deus na sua Igreja. A unidade plural considera as várias formas dos patrimônios confessionais pertencentes à riqueza da vida de toda a Igreja. O caráter de exclusão e separação é superado pelo encontro aberto com a herança dos outros

Procurando uma base doutrinária

> É salutar resgatar a ideia de que o povo de Deus é único, mas não uno.

A base doutrinária do ecumenismo se encontra na realização do desejo do próprio Jesus: "Que todos sejam um", ou seja, que haja a unidade dos discípulos. Para isso, é preciso fundamentar a consciência teológica da unidade da Igreja em sua origem, natureza e vocação. A consciência do ser Igreja faz ver que a unidade lhe é constitutiva, pois ela é comunidade dos que são em Cristo reconciliados com Deus e entre si, formando um corpo, o corpo de Cristo, sua Igreja.

A segunda base doutrinária para a unidade se encontra na frase "Para que o mundo creia...", que favorece o testemunho da unidade no mundo, fundamentando a consciência missionária da Igreja que prega o Evangelho da comunhão. Trata-se de um ecumenismo missionário, que alarga o Reino de Deus pelos valores que plenificam a vida humana, os quais são vivenciados no horizonte da comunhão que caracteriza a oikoumene desejada por Deus. Como assere Wolff (2007, p 46): "A unidade sem a missão não é realidade viva e a missão sem a unidade é uma falta no corpo de Cristo".

É salutar resgatar a ideia de que o povo de Deus é único, mas não uno. Muitos são os elementos de divisão que se manifestam no seu interior. Dessa forma, percebemos também que a Igreja é única, mas não plenamente una. A base doutrinária para instaurar a união se impõe a todos, superando as divisões que são a causa de escândalo e contradição à vontade de Cristo, pois Ele instituiu uma só e única Igreja. O ecumenismo passa a ser, então, um espírito que deve penetrar todos os projetos e dimensões da vida dos cristãos e da Igreja.

Criando o Conselho Mundial das Igrejas

Depois de independentes por um tempo, as Igrejas na década de 1930 expressaram o desejo de se integrarem em um único organismo. Aqui no Brasil a iniciativa veio com a criação do Conselho Nacional de Igrejas Cristãs do Brasil (Conic), em 1982, em Porto Alegre. A Igreja reunida na Assembleia apresentou a missão da Conic como "colocar-se a serviço da unidade das igrejas, empenhando-se em acompanhar a realidade brasileira, confrontando-a com o Evangelho e as exigências do Reino de Deus" (Conic, 2018). Segundo esse fundamento, as Igrejas devem atuar em favor da dignidade e dos direitos e deveres das pessoas, até como forma de fidelidade à mensagem evangélica.

6.4 Os caminhos do diálogo inter-religioso

O dever do cristão é assumir como compromisso uma constante conversão para Deus. E, ao lado de pessoas de outras religiões, ele deve buscar "a face de Deus" (Sl 27,8). Quando o cristão entra em contato com o povo de outras crenças, necessita manter uma clara identidade religiosa. O diálogo inter-religioso não exige que o cristão coloque de lado alguns elementos da fé ou da prática cristã e, menos ainda, que os submeta a dúvida. Ao contrário, os outros crentes querem claramente conhecer quem estão encontrando.

Dois pontos são cruciais para o diálogo: "A firme convicção de que Deus quer que todos sejam salvos" (cf. 1 Tm 2,4), de que Ele dá Sua graça também aos de fora dos limites visíveis da Igreja, conforme a constituição dogmática *Lumen Gentium* (Concílio Vaticano II, 1964a);

e a convicção de que Jesus Cristo é o único salvador de toda humanidade, como expresso na *Lumen Gentium* (Concílio Vaticano II, 1964a), sendo a Igreja o lugar em que os meios de salvação se encontram em plenitude. Com essas convicções, não é necessário ter medo do relativismo religioso.

No documento *Diálogo e anúncio*, emitido pelo Pontifício Conselho para o Diálogo Inter-Religioso em conjunto com a Congregação para a Evangelização dos Povos (1991) encontra-se a ideia de que o diálogo está sempre associado ao anúncio. Os dois não são intercambiáveis, mas estão interconexos. Como afirma o Papa João Paulo II na carta encíclica *Redemptoris Missio*: "o anúncio leva à conversão no sentido da livre aceitação da boa nova de Cristo e de tornar-se um membro da Igreja. O diálogo, do outro lado, pressupõe a conversão no sentido de um retorno do nosso coração a Deus, no amor e na obediência à sua vontade".

6.4.1 Objetivos do diálogo inter-religioso

O objetivo principal do diálogo é mudar e amadurecer na percepção e compreensão da realidade e depois agir corretamente, quer dizer, ter a compreensão mútua. Para alcançar esse objetivo, são necessárias abertura e disposição para escutar o outro, vontade de aprender e uma atitude de dar e receber, tentando superar os preconceitos. No entanto, essa atitude só será possível se permanecermos firmes e testemunharmos nossa própria fé com convicção.

Outro objetivo poderia ser o enriquecimento mútuo. As relações com pessoas de outras religiões podem gerar certa rivalidade ou polêmica. Quando a relação é positiva, pode nos conduzir para uma admiração profunda da outra religião. Essa atitude pode nos levar a aprofundar não somente a religião do outro, mas também a própria. Entramos no diálogo para que possamos aprender, mudar e amadurecer e não para forçar a mudança no outro, como esperamos fazer nos debates. No diálogo, cada participante tem intenção de aprender e mudar a si mesmo.

O diálogo inter-religioso deve ser um projeto de duas perspectivas – dentro de sua própria religião e entre as religiões. O objetivo principal do diálogo inter-religioso é que cada participante aprenda e mude a si mesmo, também é necessário que cada participante entre no diálogo com um participante de outra religião, por exemplo, luteranos com anglicanos ou hindus com budistas. Em um segundo momento, enriquecido com esse contato com o outro, essa experiência será repassada para os demais companheiros de fé dentro da própria religião. Aquele que pratica o diálogo religioso estabelece, portanto, dois diálogos, um com a outra religião e um com os demais membros da mesma comunidade religiosa. Aquele que está aberto e pratica o diálogo se coloca, desse modo, nos limites da sua própria cultura e vivência religiosa, dialogando com os dois lados de uma fronteira, os que estão além e os que estão aquém. A experiência de contato com outro modo de conceber a espiritualidade fornece à comunidade a oportunidade de autocrítica e de transformar-se, caminhando para uma percepção clara da realidade.

Cada participante deve ir para o diálogo com total sinceridade e honestidade e também deve confiar na total sinceridade e na honestidade do outro. Não somente a ausência da sinceridade bloqueia o diálogo, mas também a falta de confiança na sinceridade do outro. Em suma: sem confiança, não tem diálogo.

Cada participante deve definir a si mesmo. Somente um judeu pode se definir dizendo, a partir de si mesmo, o que é que ser um judeu. Outros somente podem descrever de fora como é que ele parece. Como o diálogo é uma mediação dinâmica, cada participante aprende, se transforma; portanto, continuamente ele se aprofunda, expande e modifica a definição sobre si mesmo como judeu. Esse crescimento o leva a ser cauteloso em seu diálogo com seus companheiros judeus. Assim, o participante do diálogo define o que é ser um membro autêntico de sua própria tradição.

Cada participante eventualmente deve procurar a experiência da religião do participante "por dentro". A religião não é algo meramente intelectual, mas também do coração, do espírito, "do ser inteiro", indivíduo e comunidade. John Dunne utiliza a expressão *Passing over,* ou seja, a experiência de passar por uma outra experiência religiosa e depois voltar para a própria religião mais iluminado, aberto e ampliado.

No diálogo, ninguém é convidado a abandonar a própria identidade. O conhecimento de sua própria cultura, religião e de si mesmo é a base do diálogo. Hans Küng, em *Projeto de Ética Mundial,* articula alguns elementos fundamentais para o diálogo. Em primeiro lugar, os participantes devem estar informados e orientados a conviver com os diversos *modi pensandi* de outras culturas e religiões e devem aceitar e acolher sua prática e ampliar o conhecimento e prática da sua religião. Em segundo lugar, devem buscar alguns pontos comuns: unidade da família humana na igualdade e dignidade, o respeito à individualidade, a valorização da comunidade humana, a diferença entre poder e direito, o poder do amor, a sensibilidade com os pobres e o cultivo da esperança.

6.4.2 Obstáculos ao diálogo inter-religioso

Um dos obstáculos para o diálogo é o uso político da religião, que parece ser muito evidente no Oriente Médio. O grupo que pertence à mesma religião é induzido a partilhar também o mesmo poder político e econômico. Em alguns casos, os líderes políticos direcionam a massa para interesses particulares, produzindo destruição e morte de muitas pessoas.

Outro obstáculo é o fundamentalismo, ou seja, quando um grupo considera que sua religião tem valores eternos que não passam por mudanças. Desse modo, permanecem sempre contra os avanços científicos. As raízes dessa atitude provêm da literal interpretação das escrituras. De acordo com Amaladoss (1995), os fundamentalistas cristãos são contra as teorias científicas como a da evolução, vista como a negação da capacidade criativa de Deus. O fundamentalismo islâmico é contra a secularização da cultura moderna ocidental. Como a tradição o Islã não reconhece a diferença entre religião e política, dominação política também é vista como uma força antirreligiosa (Amaladoss, 1995).

Outro obstáculo para o diálogo inter-religioso é a colaboração com a memória histórica. Por exemplo, a situação conflituosa em Israel e Palestina, onde muitos perderam familiares, propriedades, casas etc., dificulta o processo do diálogo, pois essas memórias não podem ser esquecidas ou perdoadas facilmente. A memória do do ataque às torres do World Trade Center, em Nova York, as guerras do Iraque e do Afeganistão, o antissemitismo na Inglaterra elisabetana e o Holocausto podem continuar por séculos. Se não houver um esforço adequado para curar essas memórias, o diálogo se torna impossível.

6.4.3 Práticas do diálogo inter-religioso

O melhor exemplo da prática do diálogo é o convite feito pelo Papa João Paulo II aos líderes das outras religiões a unirem-se a ele na oração pela paz, o que aconteceu em Assis, na Itália, em 1986.

> Em Assis, as boas-vindas dadas aos representantes religiosos e às pessoas presentes à oração oferecida pelas várias religiões foram, de certo modo, um reconhecimento dessas religiões e da oração em particular, um reconhecimento de que as religiões e a oração não apenas têm papel social, mas são eficazes perante Deus. (Amaladoss, 1995, p. 10)

A encíclica *Redemptoris Missio*, de 1991, faz referência à prática do diálogo inter-religioso:

> Um vasto campo, podendo ele assumir múltiplas formas e expressões: desde o intercâmbio entre os peritos de tradições religiosas ou com seus representantes oficiais, até a colaboração no desenvolvimento integral e na salvaguarda dos valores religiosos: desde a comunicação das respectivas experiências espirituais, até o denominado "diálogo de vida", pelo qual os crentes das diversas religiões mutuamente testemunham, na existência cotidiana, os próprios valores humanos e espirituais, ajudando-se a vivê-los em ordem à edificação de uma sociedade mais justa e fraterna. (Papa João Paulo II, 1990, p. 91-92)

Há quatro formas de prática do diálogo:

- Diálogo de vida, onde as pessoas buscam viver numa forma cordial partilhando suas alegrias e dores, problemas e preocupações. Em primeiro lugar, reconhecer que é difícil iniciar e sustentar o diálogo com as pessoas de outras tradições religiosas e ideologias, e parece mais urgente ainda cultivar na vida pessoal uma atitude de passar do estado de suspeita para a confiança. Somos convidados a sermos pessoas que acolhem as formas de diversas de oração e expressão religiosa que promove a colaboração.
- Diálogo de ação, em que as pessoas de todas as religiões participam no desenvolvimento integral e libertação do povo.
- Diálogo no nível teológico, em que os especialistas se reúnem para aprofundar a compreensão de sua religião e apreciar a outra.

- Diálogo da experiência religiosa, em que pessoas enraizadas nas suas tradições religiosas partilham suas riquezas espirituais como contemplação, oração, fé e as formas de buscar Deus ou o Absoluto (Fitzgerald, 2004).

6.5 Pontes de relações ecumênicas e inter-religiosas

Enquanto buscamos relações sadias entre as religiões, é necessário que cada tradição organize e transmita seu conteúdo aos seus adeptos para que possam amadurecer naquilo que respeita à compaixão e ao compromisso em benefício da humanidade. O professor Elias Wolff (2004) indica quatro dimensões que conduzem a essa compreensão.

6.5.1 Dimensão humana

A dimensão humana é fundamental. Como indica o decreto para o ecumenismo *Unitatis Redintegratio*, a compreensão primeira do diálogo é um modo de comportamento que elimine "palavras, juízos e ações" que dificultam as relações com os cristãos acatólicos (Concilio Vaticano II, 1964b). Igualmente, a declaração *Nostra Aestate* orienta que o diálogo inter-religioso é uma forma de comportamento a ser desenvolvido "com prudência e amor, através do diálogo e da colaboração" (Paulo VI, 1965b), pois não é possível invocar a Deus como Pai de todos se não existir o tratamento fraterno entre todos.

Como afirma, "o diálogo é, acima de tudo, um estilo de ação, uma atitude e um espírito que guia o comportamento. Implica atenção, respectivo e acolhimento para com o outro, a quem se reconhece espaço para a sua identidade pessoal, para as suas expressões, os seus valores" (Documento de Aparecida, n. 29, citado por Wolff, 2004, p. 51). É uma forma de humanizar as tradições religiosas, para superar todo o legalismo religioso e fazer as igrejas e religiões como espaço mais afetivo e acolhedor.

6.5.2 Dimensão espiritual

A dimensão espiritual é um aspecto motivador da vida que foca a atenção ao essencial que é a experiência religiosa. De fato, a experiência do Mistério possibilita um melhor discernimento do que deve ser e do que se deve deixar de lado. A espiritualidade leva uma tradição a transcender a si mesma e entrar em comunhão com as outras para enriquecer-se internamente. "A real experiência de Deus sabe discernir entre conteúdo-fim e meios-formas, priorizando os dois primeiros em relação aos demais elementos. Assim, as tradições religiosas apresentam-se como caminhos/instrumentos (meios/formas) da experiência com Deus (conteúdo/fim)".

6.5.3 Dimensão intelectual

A dimensão pastoral é uma das dimensões mais importantes dessa relação. De modo geral, qualquer pastoral se constitui tendo como fundamento a compaixão; e todas as tradições religiosas devem desenvolver essa dimensão. A **compaixão** é um aspecto motivador para o trabalho em conjunto, tendo-se um objeto comum, mas tratando-a de forma diferente. Cada tradição tem um modo de se aproximar daquele objeto com base em suas especificidades. No entanto, a compaixão é o fio condutor que costura essas tradições.

6.5.4 Dimensão pastoral

A dimensão pastoral é uma das dimensões mais importantes dessa relação. A princípio qualquer pastoral surge com a compaixão para com a realidade e todas as tradições religiosas devem desenvolver essa dimensão. A compaixão é um aspecto motivador para trabalhar juntos, quer dizer o objeto do trabalho é o mesmo, mas aproximar o objeto e tratá-lo é diferente. Cada tradição aproxima o objeto a partir do conteúdo recebido da tradição específica. No entanto, a compaixão é o fio condutor que costura essas tradições.

6.6 Construindo pontes entre as religiões

O objetivo da prática do diálogo deveria ser construir as pontes entre as tradições religiosas. As pontes devem estar em diversos nívieis para que haja harmonia entre todas as camadas da população. Referindo-se à violência no Oriente Médio e às realidades do terrorismo, o Papa Francisco constantemente está orientando a população a construir pontes e não muros. Considerando essa visão, recorremos a Paulo Knitter (2002), que apresenta três possíveis pontes para construir as relações adequadas entre as religiões.

6.6.1 Ponte filosófica e histórica

É alicerçada em dois pilares: a limitação histórica de todas as religiões e a possibilidade de ter uma única realidade em todas elas. O guia para atravessar essa ponte é John Hick, teólogo inglês que aponta que o Real é Uno, mas os símbolos através dos quais Ele é percebido e expresso são muitos. Como afirma, "um divino noumen, muitos fenómenos religiosos [...] O Real (Realidade Última) é simbolizado em formas pessoais e impessoais – pai ou mãe, Shiva ou Krishna – mas também como Vazio ou o Caminho ou a Força" (Knitter, 2002, p. 117).

6.6.2 Ponte místico-religiosa

Considera que a presença divina se encontra na experiência mística de todas as religiões, embora seja muito mais do que isso. Raimon Pannikkar, de origem indo-espanhola, proponente dessa ponte, afirma que a convivência entre as tradições cristãs e hinduístas e também os estudos nas universidasdes indianas e americanas lhe inspiraram esse conceito. Segundo ele, **o fato religioso fundamental** é a base da unidade de todas as religiões.

> a experiência mística é algo que se alimenta tanto a variedade prolífica e a unidade mais profunda de todas as religiões. [...]. É algo que pode ser conhecida somente através da experiência, mas uma vez que experimentada, ela nos diz algo muito real sobre o mundo e sobre nós mesmos. Como uma experiência, ele impregna-nos com uma sensação de estar unos, ligados, unidos, parte de. E com o qual estamos unos, não é apenas um mistério transcendente ou divino; é um mistério também é imanente, que está aqui, parte do mundo finito. (Pannikkar citado por Knitter, 2002, p. 127)

Quando se faz referência à ponte místico-religiosa, deve-se entender que cada tradição religiosa pode nos levar a um ponto elevado que chamamos de *ponto místico*. Todas as tradições religiosas guardam em si esse conteúdo para nos levar a esse ponto. Chegando a esse ponto, todas as tradições religiosas cumprem seu papel, e é nele que podemos superar todas as diferenças das religiões.

6.6.3 Ponte da prática da ética

Essa ponte está presente, a princípio, em todas as religiões. Alguns fatores universais, como reconhecimento do sofrimento, irresponsabilidade ecológica, fatores da fome e a cultura da violência são preocupações comuns que ensejam o diálogo. Observamos que o guia para essa ponte são os trabalhos realizados em diversos continentes por adeptos de diversas religiões. Em todas as tradições religiosas, há pessoas constantemente preocupadas com esses problemas comuns e com o sofrimento dos seres humanos. A responsabilidade global perante o desequilíbrio ecológico, as doenças e as guerras deve ser assumida de forma adequada e por todos. Mahatma Gandhi, Desmond Tutu, o sociólogo Betinho e Albert Schweitzer são exemplos dessa ponte. Apesar de professarem fés diferentes, estão conectados com a mesma preocupação ética.

No livro *O deserto é fértil*, Dom Hélder Câmara reconhece que as ideias contidas nessa obra teriam grande aceitação por parte de setores da esquerda brasileira que professavam o ateísmo. Mais de uma vez, ele se dirige a esses ateus chamando-os de "irmãos ateus"; isso demonstra que, apesar da grande diferença de concepção religiosa, ambos eram movidos pela mesma preocupação ética.

6.7 Alguns modelos do pluralismo religioso

Enquanto se fala dos modelos do pluralismo religioso é necessário explorar a dimensão da relação e a dimensão da comunidade. Nenhuma pessoa é uma ilha. Do mesmo modo, a religião não está isolada. O interesse pelos outros e a atenção na construção da comunidade são a finalidade central da vida e da religião. Eis aí o ideal do Reino de Deus propagado por Jesus – ou como os indianos chamam, *lokasangraha* – bem-estar de todos. Isso significa que as pessoas em comunidade têm papéis e talentos que não são excludentes, mas diferentes e complementares. A unidade da comunidade depende da convergência e interação dos diversos papéis e funções das pessoas que constituem a comunidade. O papel que cada pessoa desempenha na construção da comunidade encontra sua expressão nos relacionamentos que ela constrói com cada um dentro do grupo. A comunidade propriamente dita nada mais é do que essa teia complexa de relacionamentos. Para cada indivíduo, o relacionamento é diferente. É até mesmo singular. Não obstante, ele não pode ser de todo compreendido se não pusermos todos os relacionamentos juntos. O que dá significado à teia de relacionamentos é a finalidade que reúne a comunidade. Essa finalidade não está fora da comunidade, mas é-lhe imanente. No entanto, ela não é para ser identificada com qualquer ponto focal da teia. É a *Gestalt*, a totalidade estruturada.

Julga-se que tal comunidade de pessoas é um modelo bom e suficiente para se compreender o pluralismo de religiões, em sua busca pela unidade mediante a tolerância num sentido positivo. Cada religião é governada por um relacionamento duplo: de um lado, um relacionamento com Deus, que chama, faz dádivas peculiares, atribui funções especiais; e, de outro lado, um relacionamento com o semelhante com quem se é chamado por Deus para colaborar em vista do destino comum da humanidade.

O pluralismo não é percebido como imperfeição, resultado de limitações, quebra de alguma unidade primordial. Pelo contrário, é algo humano, rico, que exige uma comunhão viva. Pela própria natureza das coisas, espera-se que haja diálogo e colaboração entre as religiões. As religiões, como os homens, não são uma mesma coisa, nem são iguais em um sentido mecânico, matemático ou jurídico. Elas são diferentes, apresentam dons diferentes, mas são chamadas à confraternidade. Seus caminhos não são paralelos, mas entrecruzam-se como canais no delta de um rio. Permanecendo elas próprias, continuam crescendo constantemente sob a influência de todas as outras. Convergem, não para uma uniformidade sem vida, mas para a confraternidade aberta de uma comunidade.

São João Paulo II afirma enfaticamente que é essa a comunidade básica de todos os seres humanos no plano de Deus para o mundo, ao falar após o evento simbólico em Assis, onde se reuniu com os líderes de outras religiões para rezar pela paz. O encontro de Assis fez emergir uma compreensão de que, se a ordem da unidade remonta à criação e à redenção; ela é, portanto, divina, e as diferenças e as divergências religiosas remontam antes a um "fato humano" e têm de ser superadas no avanço em direção à realização do poderoso plano de unidade que domina a criação. Há inegáveis diferenças que refletem o gênio e as riquezas espirituais que Deus prodigalizou aos povos. Não se refere às divergências; mas, quando se fala das diferenças, percebe-se que nelas são reveladas as limitações, as evoluções e as quedas do espírito humano, que é debilitado pelo espírito do mal na história (Concílio Vaticano II, 1965a).

Todavia, uma atitude positiva perante as outras religiões tem de integrar-se no contexto da unidade básica de comunidade humana, que tem Deus como origem e finalidade comuns. É no contexto da comunidade que cada fiel religioso encontra a significação especial, singular de sua própria crença. O cristão, por exemplo, afirmará a singularidade de Cristo na história da salvação. Como continuação da ideia do Concílio do Vaticano II, encontra-se uma abordagem muito interessante oferecida por Paul Knitter (2002), para a prática do diálogo inter-religioso. Resgatando a caminhada da Igreja em direção ao diálogo, ele desenvolve quatro modelos para apresentar a passagem do exclusivismo ao pluralismo numa forma evolutiva na perspectiva cristã.

> 1. *Modelo da substituição: Uma única religião é verdadeira (Replacement Model: Only One True Religion)*: Esse modelo apresenta o cristianismo como verdadeira religião e as outras doutrinas devem estar ajustadas a essa religião verdadeira.
>
> 2. *Modelo de Cumprimento: Um cumpre os muitos (The fulfillment Model: The One Fulfills the Many)*: Esse modelo também se encontra na perspectiva cristã, indicando a presença de Jesus em outros sistemas religiosos, embora seus praticantes não estejam conscientes dela. Raimon Panikkar chama os adeptos dessas religiões de cristãos anônimos.
>
> 3. *Modelo da mutualidade: Muitas verdadeiras religiões são chamadas ao diálogo (The mutuality Model: Many True religions are called to dialogue)*: Todas as religiões são verdadeiras e são convidadas a partilhar suas doutrinas com as demais.
>
> 4. *O modelo da aceitação: Muitas religiões são verdadeiras, assim que seja (The Acceptance Model: Many True Religions: So Be It)*: Esse modelo está situado no contexto do mundo pós-moderno e aceita o devido lugar de cada religião como possuidora da Verdade e deve permanecer nessa forma. (Knitter, 2002, p. 112, tradução nossa)

Síntese

Buscamos trilhar um caminho respeitoso entre as tradições ao longo deste capítulo. Assim, percebemos que existem muitos povos e culturas, mas todos assumem algum tipo de religião ou crença. A busca do além (do transcendente, do mistério sagrado, da força invisível que sustenta o mundo) apresenta uma grande variedade de formas, mas nunca está ausente. A tarefa da Igreja, depois do Concílio Vaticano II, foi uma abertura para acreditar que o espírito de Deus fala através das manifestações e expressões religiosas. Já sobre a Igreja, devemos ir humildemente ao encontro dessas iniciativas para poder prestar um melhor serviço à humanidade.

> A Igreja só tem sentido – e essa é a grande intuição do Vaticano II – à medida que ela se coloca à disposição, sintonizada e dialogando com a humanidade e não uma Igreja fechada em si mesma. Uma Igreja ouvindo, com atenção e grande fidelidade, aquilo que a humanidade está falando. Deve escutar à luz da fé e do evangelho cristão, não em atitude de condenação e preconceito e sim numa atitude de diálogo. (Virgílio, 2006)[2]

Deus assume uma postura dialógica em Seu próprio ser. Ele se comunica com os seres humanos, com o cosmos e com a realidade, ao longo da história. O Divino é, por excelência, um "ser dialógico". Antes de tudo, entra em diálogo com a Trindade cristã, a Tríade hindu, o Olorum da tradição africana, o Alá dos muçulmanos, o Javé dos judeus e outras formas, que são chamadas *Realidade Última*. Uma vez feito o diálogo, o divino estabelece uma relação profunda, escolhendo o interlocutor conforme a região geográfica.

2 Essa citação foi tirada da fala do Padre Virgílio, proferida no Fórum Social Mundial de Porto Alegre (2006).

Neste capítulo, elaboramos caminhos para chegar a essa realidade última. Na atualidade reconhecemos que a Verdade (Deus) é uma só. No entanto, os caminhos para buscá-la são diferentes. Os cristãos caminham na revelação de Jesus. Os budistas buscam a iluminação de Buda. Os muçulmanos encontram seu caminho no Alcorão. Cada um tem que trilhar seu caminho para buscar aquela verdade Suprema.

Aqui, tentamos clarear os conceitos sobre ecumenismo e diálogo inter-religioso e buscamos apresentar as formas como ocorrem esses diálogos elaborando alguns modelos concretos em benefício das relações ecumênicas e inter-religiosas. Acreditamos que existe um diálogo em favor da paz, quando há um esforço conjunto de construir unidade e superar conflitos. E que há, também, o diálogo dos intercâmbios teológicos, quando adeptos das várias religiões comparam e refletem os dados da própria fé. Na experiência de escuta e de comunicação com o outro, nós nos transformamos, possibilitando um desejo profundo de busca de unidade em Deus e de respeito profundo da diversidade.

Indicações culturais

PONTO de vista: diálogo inter-religioso. Disponível em: <https://www.youtube.com/watch?v=8OtfEv8sbK8>. Acesso em: 19 dez. 2018.

Esse programa trata sobre as formas como se deve realizar o diálogo inter-religioso em um bate-papo com o Padre Paulo Botas.

Atividades de autoavaliação

1. A palavra ecumenismo:
   a) a vem da língua grega – *oikoumene* – e significa "universalidade ou todos habitando na mesma casa".

b) vem da língua latim – *oikoumene* – e significa "universalidade ou todos habitando na mesma casa".
c) deriva do sânscrito – *rita* – e "significa todos saindo da casa".
d) tem origem na língua portuguesa – *oikoumene* – e "significa todos dormindo na mesma casa".
e) originou-se do grego – *oikos* – e significa "oca".

2. Analise as proposições a seguir sobre o diálogo inter-religioso:
   I. Aponta para uma comunicação e um relacionamento entre os fiéis de tradições religiosas diferentes, envolvendo partilha de vida experiência e conhecimento
   II. Não envolve a partilha da experiência.
   III. Aponta somente para as relações.
   IV. Aponta para uma comunicação e um relacionamento entre os fiéis de tradições religiosas diferentes, tem partilha da comida e não da experiência.

   Estão corretas somente as afirmativas:
   a) I e IV.
   b) II e III.
   c) III e IV.
   d) I e II.
   e) I e III.

3. A base doutrinária do ecumenismo é a realização
   a) de desejo do próprio Jesus: "Que todos sejam um".
   b) de desejo da Igreja: "que todos sejam diversos".
   c) de nenhum desejo, mas somente do desejo pessoal.
   d) do desejo da unidade do budismo.
   e) da obrigação de todos serem iguais.

4. Quais são as quatro dimensões das relações ecumênicas e inter-religiosas?
   a) Dimensão humana, dimensão filosófica, dimensão cultural e dimensão pastoral.
   b) Dimensão humana, dimensão violenta, dimensão intelectual e dimensão estudiosa.
   c) Não tem dimensões, somente a dimensão humana.
   d) Dimensão humana, dimensão espiritual, dimensão intelectual e dimensão pastoral.
   e) Dimensão ambiental, dimensão intelectual, dimensão financeira e dimensão comportamental.

5. Quais são as três possíveis pontes para elaborar relações adequadas entre as religiões?
   a) Ponte filosófica, ponte histórica, místico-religiosa e prática da ética.
   b) Ponte cultural-espiritual, místico-relacional e prática sem ética.
   c) Ponte teológica-acadêmica, antropológica e prática da ética.
   d) Ponte de amizade-diversidade, místico-religiosa e prática da
   e) ética.
   f) Ponte cultural, ponte mística, ponte sacerdotal

Atividades de aprendizagem

Questões para reflexão

1. Quais questionamentos são comuns quando alguém busca conhecer outras tradições religiosas?

2. Como podemos elaborar respeito e amor pelas diferentes tradições religiosas?

Atividade aplicada: prática

1. Busque conversar com pessoas que sigam tradições religiosas diferentes das suas. após coletar informações, produza um texto em que exponha o que há de comum entre elas e o que há de diferente.

Considerações finais

O mundo contemporâneo apresenta as dificuldades ao ser humano em descobrir o significado do Todo, devido à automatização e ao individualismo da vida moderna. Andamos com muita pressa sem para onde, e nossa vida gira na órbita do utilitarismo, o que nos faz pessoas esgotadas e fragmentadas, capazes de vivenciar apenas frações do universo em que nos inserimos. A ideologia de Bauman, a "sociedade é líquida" parece ser real, pois assumimos as formas diversas de liquidez conforme a situação. A experiência do "nós" fundamenta toda comunicação humana, pois aponta para um envolvimento em múltiplas dimensões: família, grupo étnico, cultura, religião e sociedade. Para o caminho das relações ecumênicas e inter-religiosas, importa conhecer os mecanismos utilizados para obter uma visão da Plenitude que articulamos como o Todo. Sabemos que nenhuma religião possui a visão total de Deus. A grandeza divina é revelada através de fragmentos e quando um fragmento se encaixa com outro e unimos os nossos pontos de vista para nos aproximarmos do Todo.

A abordagem proposta por este livro é uma forma de unir diversos pontos de vista de uma única Realidade. Cada religião é completa em si e por si, no seu contexto específico, possuindo todo o conteúdo necessário para viver tranquilamente. No entanto, quando confrontada com a Totalidade, quer dizer quando entra em relações com as outras tradições, encontra-se como um fragmento. Justamente esse confronto possibilita a experiência das relações ecumênicas e inter-religiosas. Qualquer abordagem que seja, religiosa, cultural ou individual, necessita de um movimento contínuo. Trata-se de, no âmbito pessoal, sair de si em direção ao outro; no âmbito cultural, sair de uma cultura em direção à outra, e, no âmbito religioso, aproximar-se e compreender o conteúdo religioso do outro.

Encontramos diversas tentativas para estabelecer essas relações entre as religiões. A atual coexistência pluralista oferece novas formas de compreensão das tradições religiosas. Portanto, a experiência do pluralismo religioso se torna um apelo à descoberta e à afirmação da própria identidade. Diz Paul Knitter: "Para trilhar nosso próprio caminho de fé, precisamos caminhar com pessoas de diferentes caminhos" (Knitter, 2002, p. XI). Dez anos antes de Knitter, o monge beneditino Bede Griffiths já havia alertado para a dimensão plural do caminho religioso: "além de ser cristão, eu preciso ser um hindu, um budista, jainista, zoroastrista, sikh, muçulmano e judeu. Só assim poderei conhecer a Verdade e encontrar o ponto de reconciliação em todas religiões" (Griffiths, 1992, p. 83). Ou uma das maiores autoridades no assunto sobre o diálogo inter-religioso, Raimon Panikkar, descreve sua trajetória, após sua formação acadêmica nas universidades indianas e americanas: "Eu 'parti' como cristão, 'encontrei a mim mesmo como hindu, e 'retornei' como budista, sem nunca ter deixado de ser cristão" (Knitter, 2002, p. 126).

As relações ecumênicas e inter-religiosas é um dos caminhos de comunicação para o estabelecimento de laços que ultrapassam os limites das estruturas institucionais e estabelecem o encontro de valores superiores que, em comum e em conjunto, as religiões são chamadas a defender. A abertura a essa relação é uma janela que cada ser humano é convidado a abrir para o outro, a qual é diferente em suas opções religiosas ou para o membro da mesma comunidade que escolheu outro caminho em busca da verdade.

No entanto, para se abrir a janela das relações ecumênicas e inter-religiosas, pressupõe-se a solidez das próprias convicções. De modo metafórico, podemos dizer que as "paredes" que sustentam a "janela" que se abre para o mundo do outro, as janelas do intercâmbio, da abertura e da acolhida, devem estar construídas sobre as firmes estruturas do conhecimento, das convicções e da fé, para que dificilmente desabem diante de argumentos diferentes e mesmo divergentes. Como diz Amaladoss:

> Todavia, como Deus é a origem comum e a finalidade de todos os povos, como o plano divino para o mundo abrange todo o universo, o pluralismo de religiões não é caótico, mas articulado e ordenado numa unidade. Unidade esta que é para ser conquistada. O diálogo é um dos caminhos de conquista da unidade, sem se abolir as diferenças, que são uma dádiva de Deus aos vários povos, mas integrando-as na unidade universal. (Amaladoss, 1995, p. 20)

Não ficaria fora do lugar apresentar uma pequena fábula dos gurus indianos, normalmente mostrada nas aulas do ensino primário devido ao contexto plural das religiões na Índia. Apresento essa fábula que escutei na Índia enquanto estava no ensino médio e que relata sobre o objetivo de todas as religiões. Em uma aldeia havia um mestre religioso, que falava sobre o propósito das religiões. Um dia uma grande multidão de diversas tradições religiosas reuniu-se para escutá-lo. Certo homem na multidão lhe perguntou.

> Mestre, qual é o objetivo de todas as religiões? O mestre lhe respondeu: "como a água tem sua fonte no topo da montanha e ela transforma-se em diversos rios fluindo até ao mar, na mesma forma o único Deus é visto pelos ângulos diferentes e pelas pessoas diferentes. Assim as diversas religiões são criadas ou fundadas pelos seres humanos, mas cada religião tem um propósito de chegar a um único Deus. Somente as regras são diferentes.

Referências

AGNOLIN, A. **História das religiões**: perspectiva histórico-comparativa. São Paulo: Paulinas, 2013.

AMALADOSS, M. **Pela estrada da vida**: prática do diálogo inter-religioso. São Paulo: Paulinas, 1995.

ANAND, S. **Hindu Inspiration for Christian Reflection**: Towards a Hindu-Christian Theology. Anand: Gujarat Sahitya Prakash, 2004.

ANDRADE, J. Deus do deserto, deus do vale: a geografia como ponto de partida para a compreensão do fenômeno religioso. **Interações**: Cultura e Comunidade, Uberlândia, v. 5, n. 7, p. 13-38, jan./jun. 2010.

______. Reforma Protestante: perspectiva oriental. **Studium**: Revista Teológica, Curitiba, v. 11, n. 20, p. 77-91, jul. 2017.

BETIATO, M. A. **Ecumenismo e diálogo religioso.** Projeto Santas Missões Populares, Arquidiocese de Curitiba, 2000.

BEVANS, S.; SCHROEDER, R. **Prophetic Dialogue**: Reflections on Christian Mission Today. New York: Orbis Books Maryknoll, 2011.

BHAGAVAD GITA. Português. Bhagavad-Gita: como ele é. 2. ed. Lisboa: The Bhaktivedanta Book Trust International, 1995.

BÍBLIA. Português. **Bíblia Sagrada.** Edição pastoral. 43. ed. São Paulo: Paulus, 2001.

BOWKER, J. **Para entender as religiões**: as grandes religiões mundiais explicadas por meio de uma combinação perfeita de texto e imagens. São Paulo: Ática, 1997.

CALDAS, M. Vida e morte no cristianismo primitivo. **Revista Cantareira**, Niterói, v. 2, n. 2, ano 3, ago. 2004. Disponível em: <http://www.historia.uff.br/cantareira/v3/wp-content/uploads/2013/05/e09a10.pdf>. Acesso em: 7 dez. 2018.

CHOPRA, D. **Buda**: a história de um iluminado. Rio de Janeiro: Editora Sextante, 2007.

CONCÍLIO VATICANO II. **Lumen Gentium.** Roma, 21 nov. 1964a. Disponível em: <http://www.vatican.va/archive/hist_councils/ii_vatican_council/documents/vat-ii_const_19641121_lumen-gentium_po.html>. Acesso em: 19 dez. 2018.

______. **Unitatis Redintegratio.** Roma, 21 nov. 1964b. Disponível em: <http://www.vatican.va/archive/hist_councils/ii_vatican_council/documents/vat-ii_decree_19641121_unitatis-redintegratio_po.html>. Acesso em: 19 dez. 2018.

CONIC – Conselho Nacional de Igrejas Cristãs do Brasil. Disponível em: <https://www.conic.org.br/portal/apresentacao>. Acesso em: 7 dez. 2018.

DURKHEIM, E. **As formas elementares da vida religiosa.** São Paulo: Paulus, 1989.

ELIADE, M. **O sagrado e o profano**: a essência das religiões. São Paulo: M. Fontes, 2001.

FERREIRA, M. P. (Org.). **Confúcio**: vida e doutrina, os analectos. São Paulo: Pensamento, 2001.

FITZGERALD, M. **Developing Dialogue.** Roma, 2004. Palestra.

GHISLANDI, C.; TAIMEI, K. **As grandes religiões**: a longa viagem do budismo. São Paulo: Mundo e Missão, [s.d.].

GIL FILHO, S. F. Paisagem religiosa. In: JUNQUEIRA, S. (Org.). **O Sagrado**: fundamentos e conteúdo do ensino religioso. Curitiba: Ibpex, 2009. p. 91-118.

GRIFFITHS, B. **Retorno ao centro, o conhecimento da Verdade**: o ponto de reconciliação de todas as religiões. São Paulo: Instituição Brasileira de Difusão Cultural, 1992.

JIVAGO, D. Arianismo. **InfoEscola.** Disponível em: <https://www.infoescola.com/religiao/arianismo>. Acesso em: 7 dez. 2018.

JOÃO PAULO II, Papa. ***Redemptoris Missio.*** Roma, 7 dez. 1990. Disponível em: <http://w2.vatican.va/content/john-paul-ii/pt/encyclicals/documents/hf_jp-ii_enc_07121990_redemptoris-missio.html>. Acesso em: 7 dez. 2018.

JOHANNS, P. General Historical Survey: Part I (B.C. !200-A.D. 700) In: DE SMET, R.; NEUNER, J. **Religious Hinduism.** Mumbai: St. Pauls, 1997. 1997. p. 31-48.

KANT, I. **Crítica da razão prática.** São Paulo: Martin Claret, 2009.

KHALIL, M. J.; NASSER FILHO, O. **Um diálogo sobre o islamismo.** Curitiba: Criar, 2003.

KNITTER, P. F. **Introducing Theologies of Religions.** Maryknoll: Orbis Books, 2002.

KUNG, H. **Religiões do mundo**: em busca dos pontos comuns. Campinas: Verus, 2004.

LARAIA, R. de B. As religiões indígenas: o caso tupi-guarani. **Revista USP**, São Paulo, n. 67, p. 6-13, set./nov. 2005. Disponível em: <https://www.revistas.usp.br/revusp/article/viewFile/13451/15269>. Acesso em: 7 dez. 2018.

LOKESWARANANDA, S. The Essence of Hinduism. In: MATAJI, V. (Ed.). **Shabda Shakti Sangam.** Rishikesh: Jeevan-Dhara Sadhana Kutir, p. 3-8, 1995.

MAALOUF, A. **O mundo em desajuste**: quando nossas civilizações se esgotam. Diffel: Rio de Janeiro, 2011.

MAÇANEIRO, M. **O labirinto sagrado**: ensaios sobre religião, psique e cultura. São Paulo: Paulus, 2011.

MADAN, T. (Ed.). **Religion in India.** Delhi: Oxford University Press, 1992.

MARTINS, F. Índios do Brasil têm parentesco asiático. **Gazeta do Povo**, 15-16 out. 2016, p. 26.

PARTHASARATHY, A. **The Symbolism of Hindu Gods and Rituals**. Bombay: Arun Mehata Vakil and Sons, 1985.

PAULO VI, Papa. ***Dignitatis Humanae***. Roma, 7 dez. 1965a. Disponível em: <http://www.vatican.va/archive/hist_councils/ii_vatican_council/documents/vat-ii_decl_19651207_dignitatis-humanae_po.html>. Acesso em: 18 dez. 2018.

______. ***Nostra Aetate***. Roma, 28 out. 1965b. Disponível em: <http://www.vatican.va/archive/hist_councils/ii_vatican_council/documents/vat-ii_decl_19651028_nostra-aetate_po.html>. Acesso em: 18 dez. 2018.

PAZ, O. **Vislumbres da Índia**: um diálogo com a condição humana. São Paulo: Mandarim, 1996.

PONTIFÍCIO CONSELHO PARA O DIÁLOGO INTER-RELIGIOSO; CONGREGAÇÃO PARA A EVANGELIZAÇÃO DOS POVOS. **Diálogo e anúncio**. Roma, 19 maio 1991 Disponível em: <http://www.vatican.va/roman_curia/pontifical_councils/interelg/documents/rc_pc_interelg_doc_19051991_dialogue-and-proclamatio_po.html>. Acesso em: 19 dez. 2018.

SAMTEN, L. P. **Meditando a vida**. São Paulo: Peirópolis, 2008.

SCHLOGL, E. A geografia da alma indígena. **Interações**: Cultura e Comunidade, Uberlândia, v. 5, n. 7, p. 89-102, jan./jun. 2010.

SHETH, N. Mutually Enhancing Interreligious Relations. In: STANISLAUS, L.; UEFFING, M. **Intercultural Mission**. Delhi: ISPCK, 2015. v. 2. p. 353-370.

SIMÕES, G. J. **O pensamento vivo de Buda**. São Paulo: Martin Claret, 1985.

SMET, R. de; NEUNER, J. **Religious Hinduism**. Mumbai: St. Pauls, 1997.

STOTT, J. **A verdade do evangelho**. Belo Horizonte: Ultimato, 2000.

TEIXEIRA, F.; DIAS, Z. M. **Ecumenismo e diálogo inter-religioso**: a arte do possível. Aparecida: Santuário, 2008.

TORRES QUEIRUGA, A. **Autocompreensão cristã**: diálogo das religiões. São Paulo: Paulinas, 2007.

UMBANDA e orixás. **O que é umbanda**. Disponível em: <http://umbanda-orixas.info/o-que-e-umbanda.html>. Acesso em: 11 jul. 2018.

VIANNA, A. M. Contexto para as 95 teses de Martinho Lutero. **Studium**: Revista Teológica, ano 11, n. 20, 2017.

WOLFF, E. **A unidade da Igreja**: ensaio de eclesiologia ecumênica. São Paulo: Paulinas, 2007.

______. **Ministros do diálogo**: o diálogo ecumênico e inter-religioso na formação presbiteral. São Paulo: Paulus, 2004.

Bibliografia comentada

AGNOLIN, A. **História das religiões**: perspectiva histórico-comparativa. São Paulo: Paulinas, 2013.

A obra apresenta a história das religiões na perspectiva histórico religiosa, ao mesmo tempo embasada em autores antropólogos, sociólogos e historiadores das religiões. A primeira parte concentra-se na fundamentação do fenômeno do sagrado apresentando-o como fenômeno universal. É interessante notar o tratamento dado à fenomenologia das religiões, uma leitura antropológica, mas com os apontamentos claros. A segunda parte trata da problemática do religioso que deu origem a diversos conflitos e, ao mesmo tempo, a diversas ciências. O autor consegue dialogar com as manifestações contemporâneas e então elabora um possível diálogo entre a religião e a sociedade.

TEIXEIRA, F.; DIAS, Z. M. **Ecumenismo e diálogo inter-religioso**: a arte do possível. Aparecida: Santuário, 2008.

A obra apresenta de forma clara e com autoridade a possibilidade de elaborar o diálogo entre igrejas diferentes e entre culturas e tradições religiosas diversas. Os autores reconhecem a universalidade da salvação a qual é percebida numa sociedade globalizada em que a pluralidade religiosa torna-se visível e o diferente se torna próximo. Os autores apresentam o histórico tanto do ecumenismo como o do diálogo inter-religioso e fornecem as pistas claras para tal diálogo. Também os autores estão cientes de que há necessidade de abertura ao diferente para cultivar relações de paz e mútua compreensão.

AMALADOSS, M. **Pela estrada da vida**: prática do diálogo inter-religioso. São Paulo: Paulinas, 1995.

O autor é de origem indiana, portanto parte da experiência inter-religiosa vivencial já na sua infância. O autor apresenta as grandes tradições religiosas, principalmente seus conteúdos voltados mais para as relações inter-religiosas. As diversas imagens da plenitude são apresentadas de forma que se tornam os elementos universais que todas as tradições possam a ter. Assim, a obra nos conduz com os diversos modelos tirados de diversas tradições para chegar à Realidade Última. Portanto, é fundamental enquanto tratamos as relações inter-religiosas.

WOLFF, E. **A unidade da Igreja**: ensaio de eclesiologia ecumênica. São Paulo: Paulinas, 2007.

A obra explora a dimensão preocupante da Igreja, como elaborar as relações ecumênicas nos tempos atuais e tenta fornecer algumas pistas concretas. A obra consiste de três partes. Na primeira o autor apresenta a necessidade de ter uma eclesiologia ecumênica apresentando a crescente realidade do pluralismo religioso do Brasil. Na segunda parte, faz uma tentativa de trilhar o caminho ecumênico buscando as raízes desde as escrituras como na tradição do Magistério. Por fim, na terceira parte faz algumas articulações concretas dando pistas para a elaboração das relações ecumênicas na perspectiva da Igreja católica. A obra possui fundamentos tanto teológicos como eclesiológicos com os conceitos claros para desenvolver as relações ecumênicas na realidade contemporânea.

LAMA, D. **Uma ponte entre as religiões**: por uma verdadeira comunhão da fé. São Paulo: M. Fontes, 2015.

Nas próprias palavras do autor, "que o esforço deste livro seja benefício para o surgimento de um entendimento autêntico entre as grandes religiões do mundo e que ele possa estimular em nós uma profunda reverencia uns pelos outros". De fato, o autor faz um mapeamento nítido de grandes tradições religiosas, com embasamento doutrinal e aspectos dialogáveis entre os diferentes. A riqueza dessa obra está na partilha de vasta experiência vivencial do próprio autor com as pessoas de diferentes tradições. O autor consegue apresentar de forma clara que as diferenças culturais e religiosas podem ser apreciadas como aspectos de união em vez de conflito. A diversidade pode inspirar o momento do diálogo entre as religiões que o mundo atual espera.

Respostas

Capítulo 1

Atividades de autoavaliação

1. b
2. c
3. b
4. c
5. a

Capítulo 2

Atividades de autoavaliação

1. a
2. b
3. a
4. a
5. b

Capítulo 3

Atividades de autoavaliação

1. b
2. a
3. b
4. d
5. c

Capítulo 4

Atividades de autoavaliação

1. c
2. b
3. a
4. d
5. b

Capítulo 5

Atividades de autoavaliação

1. a
2. b
3. d
4. a
5. b

Capítulo 6

Atividades de autoavaliação

1. a
2. b
3. a
4. d
5. a

Sobre o autor

Joachim Andrade, membro da Congregação dos Missionários do Verbo Divino, nascido na cidade de Mangalore, no sul da Índia, chegou ao Brasil em 1992. Depois de breve passagem por Brasília para estudos de idioma e cultura brasileira, instalou-se na cidade de Curitiba. É doutor em Ciências da Religião pela Pontifícia Universidade Católica de São Paulo (PUC-SP) e mestre em Antropologia Social pela Universidade Federal do Paraná (UFPR). É formado em Filosofia e Teologia pelo Pontifício Instituto de Jnana-Deepa Vidyapeeth, em Pune; e em Literatura Inglesa e História pela Universidade de Mysore, ambos na Índia. É especialista em dança clássica indiana pelo Gyan Ashram e pelo Bombay Institute for Performing Arts, também esses em seu país natal. Publicou diversos artigos científicos, é autor do livro *Dança clássica indiana: história – evolução*, organizador da obra *Caminhos para a missão: fazendo a missiologia contextual*, e tradutor de *Diálogo profético: missão no mundo contemporâneo*. Foi coordenador da

Dimensão do Ecumenismo e Diálogo Inter-religioso pela Arquidiocese de Curitiba. Atualmente é assessor do Centro Cultural Missionário, dirigido pela Conferência Nacional dos Bispos do Brasil (CNBB), e membro da equipe interdisciplinar nacional da Conferência dos Religiosos do Brasil (CRB), em Brasília. É membro também do Comitê de Avaliação da Universidade de Mysore, em Guwahati, na Índia. É docente da Faculdade Studium Theologicum, da Faculdade Vicentina e da Pontifícia Universidade Católica do Paraná (PUCPR), em Curitiba.

Impressão:
Janeiro/2019